83 - Frauen - Interpreten

EVROPA

UM THOMAS MANN

Der Briefwechsel
Käte Hamburger – Klaus Schröter
1964–1990

In Zusammenarbeit mit Armin Huttenlocher
herausgegeben von Klaus Schröter

Mit Faksimiles

Europäische Verlagsanstalt

Die Postkartenfaksimiles erscheinen mit freundlicher Genehmigung von Klaus Schröter und Anke Martini-Wonde

Die Deutsche Bibliothek – CIP-Einheitsaufnahme

Um Thomas Mann : der Briefwechsel Käte Hamburger – Klaus Schröter 1964–1990 / in Zusammenarbeit mit Armin Huttenlocher hrsg. von Klaus Schröter. – Hamburg : Europäische Verlagsanstalt, 1994
ISBN 3-434-50039-1
NE: Hamburger, Käte; Schröter, Klaus

Umschlaggestaltung: MetaDesign, Berlin
unter Verwendung eines Faksimiles: Handschrift Käte Hamburger
Signet: Dorothee Wallner, nach Caspar Neher »Europa« (1945)
Herstellung: DIE HERSTELLUNG, Stuttgart
Satz: Steffen Hahn GmbH, Kornwestheim
Druck und Bindung: Wilhelm Röck, Weinsberg
Printed in Germany 1994

Inhalt

Hamburg, 18. 4. 64 an KH

Sehr verehrte Frau Professor Hamburger,

gestern erst erhielt ich von Rowohlt die Freiexemplare und mache mir nun das Vergnügen, Ihnen ein Thomas Mann-Bändchen vorzulegen.

Darf ich sagen, daß ich mich außerordentlich darüber gefreut habe, daß Herr Henning mich Ihnen vorgestellt hat, und daß ich im Oktober, wenn ich nach Biberach muß, Ihnen herzlich gern mit einer »Gegenvisite« aufwarten würde?

Mit ergebensten Grüßen bin ich

Stuttgart, 26. 4. 64 an KS

Lieber Herr Dr. Schröter,

das ist ein außerordentlich geglücktes Rowohltbändchen! Nehmen Sie meinen Dank und meine Gratulation. Es ist gewiß keine ganz einfache Aufgabe, aus der großen Fülle der Werk- und Lebensmaterialien eine fortlaufende verknüpfende und dazu spannende Lebensdarstellung herzustellen. Ganz besonders wertvoll und Neues erschließend ist ja Ihre Analyse der Jugendperiode; man merkt ihr an, daß Sie ein Kenner der Jahrhundertwende sind, und gerade Ihre, heute sonst noch seltene, Kenntnis und Erforschung von Heinrich Manns Werk vertieft an vielen Punkten die Darstellung des jungen Thomas Mann. Vorzüglich z. B. Ihr Hinweis, daß der immer herbeigezogene Nietzsche nicht der Urheber der Bürger–Künstler–Antinomie ist, sondern eben Bourget, Ihre wichtige Entdeckung (die ja übrigens erfreulicherweise schon sehr beachtet worden ist, wie der Abdruck bzw. Ihr Artikel in »Christ und Welt« zeigt, der gewiß schon eine gute Reklame für den Rowohltband war). Ich vermute, daß Sie dabei sind, Begriffe wie Dilettant, Snob etc. überhaupt in der europäischen Literatur der Jahrhundertwende zu erforschen und dadurch mit manchen tradierten Klischees aufzuräumen. So war ich auch erfreut, daß Sie darauf verzichtet haben, den vielberufenen, von Thomas Mann selbst genannten Einfluß Fontanes heranzuziehen. Niemand wäre nämlich je darauf verfallen, wenn Thomas Mann nicht seiner Verehrung Fontanes so schönen Ausdruck gegeben hätte; denn im Grunde besteht da nicht die geringste Verwandtschaft, und schon gar nicht auf stilistischem Gebiet. Das nebenbei. – Und was nun Fräulein Herz' Zorn so erregt hat, Ihr Fund der Mitarbeiterschaft am »Zwanzigsten Jahrhundert« und deren Verheimlichung, ist natürlich höchst interessant und reizvoll. Aber es hätte doch vielleicht etwas mehr als Jugendsündchen ausgelegt werden können. Wahrscheinlich hatte Thomas Mann damals keine sehr dezidierten politischen Ansichten und wollte vielleicht durch diese Rezensionen etwas verdienen. Er schien sich dem Stil der Zeitschrift zu fügen, aber wer kann wissen, ob er nicht selbst sich dabei ins Fäustchen lachte und diese Kitschrezensionen nicht etwa ein bißchen ironisch gemeint waren. Lesen Sie, was ich Ihnen hier – mit der Bitte um Rückgabe – von Bert Brecht aus seiner Jugend mitsende! Der Verfasser des Artikels und des damals von Brecht rezensierten Gedichtbandes mit dem Gartenlaubentitel »Trautelse«, Dr. Karl Lieblich, ein guter Bekannter von mir, ist ein wohlhabender Kaufmann mit immer noch unglücklicher Liebe zum Dichtertum. Wer kann nun mit Sicherheit sagen, ob nicht auch Brechts Rezension ironisch gemeint war, was zwar Hans Mayer verneint. Und dann wäre es eben ein Zeichen dafür, daß auch der Geschmack großer Dichter nicht immer, nicht schon in der Wiege, revolutionär gegen ihre Zeit war. – Daß nun Thomas Mann, und auch Heinrich, diese Jugendsünden später mit Stillschweigen übergangen haben, ist nur natürlich. Aufdeckungen sind ja nicht Sache der Dichter selbst, die wie alle anderen Menschen auch handeln und reagieren, sondern der Biographen. Daß Th. und H. ihre Mitarbeiterschaft also unerwähnt ließen, ist eine Tatsache, die registriert werden kann. Nicht aber kann je belegt werden, daß und ob sie absichtlich ihren Aufenthalt in Italien um ein Jahr vordatiert hatten zum Zwecke der Kaschierung dieser Mitarbeiterschaft. Scherrer spricht davon, daß sich Th. M. im Alter (1953) bei der Angabe der Jahreszahl irrte. Es ist wirklich nicht anzunehmen, daß er da absichtlich täuschte und in seinem Kopfe sofort die Verbindung zum »Zwanzigsten Jahrhundert« herstellte, von dem doch niemand etwas wußte und das er selbst wahrscheinlich längst vergessen hatte. Ich kann Ihnen Beispiele aus meinem eigenen Leben nennen, wie man völlig etwas vergessen kann, was man vor langen Jahren geschrieben und publiziert hat. Nein, hier ist Ihnen selbst eine kleine »Jugendsünde« unterlaufen, die Sie bei nächster Auflage, die gewiß nötig wird, ruhig ausmerzen sollten.

Sie beeinträchtigt aber nicht den Wert und Reiz Ihres Buches. Doch etwas habe ich noch anzumerken: mit der Bibliographie der Sekundärliteratur bin ich nicht recht zufrieden. Die Rowohltmonographien haben einen Teil ihres Wertes gerade auch durch ausführliche und zuverlässige Bibliographien, die nicht subjektiv ausgewählt sein sollten, nach dem Maßstab dessen was der Autor benutzt hat. Der Hinweis auf die teuren Bibliographien von Bürgin und Jonas genügt da nicht, zumal die Rowohltbändchen ihre Bibliographien viel übersichtlicher ordnen. Bei Ihnen stehen unbedeutende kleine Artikelchen, aber wichtige Werke und Abhandlungen (Heller, Koopmann, Kahler, Lämmert u. viele andere) fehlen. Das scheint mir nicht zu gehen. Herr Riege hätte sich da Ihrem Diktat nicht fügen sollen.

Als Gegengabe hier nun mein »Gesetz«-Büchlein, das leider durch die unglaubliche neue Anordnung des Titels auf dem Umschlag, der nicht mit dem Titelblatt übereinstimmt und falsche Angaben macht, die Autorschaft unterdrückt, die Arbeit des Autors als »Mit einem Essay« bezeichnet, äußerlich entstellt worden ist. Ich habe einen sehr großen Krach geschlagen, auch einen Juristen eingeschaltet, könnte einen erfolgreichen Prozeß führen – aber es lohnt sich mir doch nicht, dies alles auf mich zu laden und Zeit dafür einzusetzen. Es ist ja auch nicht mehr viel zu ändern. Es wäre nur ganz gut, wenn in der Presse auf so etwas hingewiesen würde. Auch die weiteren Bände der Reihe werden jetzt so erscheinen, und ausgerechnet mit meinem begann man damit.

Sehr werde ich mich freuen, wenn Sie im Oktober mich besuchen.

Herzliche Grüße
Ihre
Käte Hamburger

Hamburg, 4. 5. 64 an KH

Sehr verehrte Frau Professor Hamburger,

für ihr Päckchen vom 26. 4. danke ich Ihnen sehr herzlich. Ich habe Ihren Essay inzwischen mit viel Gewinn gelesen. Zu urteilen, darf ich mir nicht recht anmaßen, denn das Gebiet der Religionshistorie ist mir fremd. Desto belehrender war mir alles, was Sie vorgetragen haben. »Geistesgeschichtlich« am interessantesten fand ich die Hereinnahme Schillers und Ihre Beobachtung, daß zwei Rationalisten, verschieden unterrichtet ja nach dem forschungsgeschichtlichen Stand der Dinge, doch zu Ansichten gelangen, die Gleichheiten aufweisen; und ebenso interessant, daß Thomas Mann Goethe im Hinblick auf Mose durchaus hat widersprechen mögen. – Kommt Goethe nicht etwas schlecht weg bei Ihnen? Ich kannte sein dictum über Mose, wartete beim Lesen immer darauf und mußte richtig lachen, daß Sie es mit einem ironischen »so ausnimmt« eingeleitet haben. Denn ich fand diesen Satz auch immer von einem außerordentlich verquälten Gerechtigskeitswillen und sehr gewunden! – Ich habe beim Lesen an »Ihren« »Joseph« denken müssen (den ich schon 1958 antiquarisch erworben hatte und nicht erst für die Monographie gelesen habe) und möchte noch einmal sagen, wie gut ich es fände, wenn er wieder aufgelegt würde – und hoffentlich gelingt es Ihnen, die Lizenz für den Abdruck des damals geführten Briefwechsels zu bekommen. – Nach allem, was ich von Ihnen gelesen habe, müßten Sie Kerényis Deutungen doch wohl auch nicht so sehr mögen?

Daß Ihnen das Thomas Mann-Bändchen gefallen hat, war mir sehr lieb. Jetzt erschienen gerade (bei Claassen) Briefe Heinrich Manns an einen präsumptiven Biographen. Aus ihnen geht hervor, daß der alte Heinrich Mann sich mit Händen und Füßen gesträubt hat, auch nur das Geringste über seine Jugendphase bekanntzugeben. Ich fand meine Auffassung, daß hier ein strenges Verschweigen-Wollen vorliegt, dadurch bestätigt. Das Wort »täuschen« ist dennoch tatsächlich ein bißchen zu stark – im Ganzen aber war es mir ganz recht, daß ich durch diese Neufunde legitimiert war, die Darstellung von Kritik zur laudatio zu steigern. Das reine Lobhudeln mag ich nicht. – Übrigens muß ich mich im Fall Brechts der Auffassung von Hans Mayer anschließen: ich glaube fest, daß der junge Rezensent – ebenso wie der junge Thomas Mann – die Sache ganz ernst gemeint hat. (Ich habe mir von dem Artikel über Brecht eine Photokopie machen lassen, weil er mir sehr aufschlußreich schien; vielen Dank, daß Sie ihn mir beigelegt hatten!)

In Biberach halte ich einen Vortrag über »Der Chauvinismus und seine Tradition – Deutsche Schriftsteller und der Ausbruch des Ersten Weltkriegs« – es ist ja »Jubiläumsjahr«. Hauptsächlich führe ich darin die Untersuchung an Texten von Thomas Mann und Dehmel vor. Besteht vielleicht die Möglichkeit, diesen Vortrag auch in Stuttgart zu halten?

Ich möchte Ihnen dies nur als Frage, nicht als drängelnde Bitte vortragen. Als ich den Vortrag vor drei Jahren hier und in Kiel hielt, fanden ihn auch die Fachleute ganz hieb- und stichfest.

Im Herbst, sehr verehrte Frau Professor Hamburger, werde ich mir dann erlauben, bei Ihnen anzufragen, wann ich Sie besuchen darf. Ich freue mich jetzt schon darauf, die in Aussicht gestellten Thomas Manniana zu besehen.

Mit höflichen Empfehlungen bin ich

Stuttgart, 28. 5. 64 an KS

Sehr geehrter Herr Dr. Schröter,

schönen Dank für Ihren Brief. Um gleich zum Wichtigsten zu kommen: Sie werden voraussichtlich eine Einladung, Ihren Vortrag, dessen Thema ja sehr interessant ist, hier im Oktober zu halten, von unserer »Bibliotheksgesellschaft« bekommen, mit der ich mich in Verbindung gesetzt habe. Einen besseren Rahmen können Sie sich nicht wünschen, und ich würde mich sehr freuen, wenn es zustande käme, woran ich jedoch nicht zweifele.

Ich war vorige Woche kurz in Zürich, um Frau Jacobson zu besuchen, die inzwischen Zürich für ci ein Jahr verlassen hat und den Winter in New York verbringen will. Sie nimmt Ihnen ja, wie Sie von ihr wohl selbst wissen, den Bourget-Einfluß auf Th. M. nicht ab, ist sonst aber sehr zufrieden mit Ihrem Buch, ebenso wie auch Dr. Wysling. Ich vermute, daß der Band reißend geht und bald eine zweite Auflage nötig werden wird.

Also auf Ihren Besuch im Herbst, der nun hoffentlich mit Ihrem Vortrag verbunden wird, auf den ich mich schon freue.

Mit freundlichem Gruß
Ihre
Käte Hamburger

Hamburg, 7. 6. 64 an KH

Sehr verehrte Frau Professor Hamburger,

Verzeihen Sie, wenn ich erst heute auf Ihren Brief vom 28. 5. antworte (ich hatte in diesen Wochen eine kleine Festschrift zu Prof. Hans Wolffheims 60. Geburtstag vorzubereiten und das machte einige Mühe).

Für Ihre besondere Freundlichkeit, sich an die Württembergische Bibliotheksgesellschaft wegen meines Vortrags zu wenden, möchte ich Ihnen auf das Allerherzlichste danken. Gestern erhielt ich die Anfrage der Gesellschaft und antworte ihr mit gleicher Post.

Daß Frau Professor Jacobson – trotz Bourget – die Monographie mag, ist mir sehr lieb. Ich glaube, ihre Ablehnung der Bourget-These erfolgt etwas unter dem Einfluß von Frau Katja Mann, die diese Teile der Darstellung ja sehr stark abgelehnt hat. – Die erste Auflage von 25.000 soll beim Verlagsvertrieb schon weg sein und eine zweite bald vorbereitet werden.

Mit wiederholtem herzlichen Dank, sehr verehrte Frau Professor Hamburger, für Ihre gütige Vermittlung empfehle ich mich Ihnen als

Ihr Ihnen sehr ergebener

Hamburg, 26. 9. 64 an KH

Sehr verehrte Frau Professor Hamburger,

der Stuttgarter Vortragsabend rückt nun näher. Und da ich Ihrer gütigen Vermittlung diese Verabredung danke, erlaube ich mir nun selbst, Ihnen eine Einladung zuzuschicken. Bitte, fühlen Sie sich dadurch nicht besonders bedrängt.

Einen kurzen persönlichen Besuch möchte ich Ihnen jedoch sehr gern abstatten. Wollen Sie mir bitte schreiben, ob es Ihnen passen würde, wenn ich am 21. Oktober, Mittwoch, vormittags bei Ihnen vorbei käme? Ich bin zwar schon am 20. nachmittags in Stuttgart, fürchte aber, daß ich dann etwas Lampenfieber habe. – Ich werde im Hotel Schwabenbräu, Friedrichstraße 35, Tel. 29 11 94, wohnen.

Einen Punkt, den ich dann mit Ihnen besprechen soll, möchte ich jetzt schon erwähnen: Herr Heinz Sauereßig, ein großer Thomas Mann-Verehrer, bittet Sie, in der Saison 1965/66 einen Vortrag in Biberach zu halten. Damit Sie sich ein Bild machen können, in welch besonders netter Weise das Kulturprogramm in Biberach – großenteils unter Herrn Sauereßigs Fürsorge – aufgezogen wird, lege ich das Programm zu meinem dortigen Vortrag und eine weitere Druckschrift von dort bei. Es wäre doch schön, wenn ich Ihnen als »Agent« in dieser Sache einen Gegendienst erweisen könnte!

In der Vorfreude auf den Besuch bei Ihnen, sehr verehrte Frau Professor, bin ich mit ergebensten Empfehlungen

Stuttgart, 7. 10. 64 an KS
[Postkarte]

Sehr geehrter Herr Dr. Schröter,

auf Ihren Vortrag am 20. freue ich mich. Wir werden uns dann ja sprechen und noch nach dem Vortrag irgendwie zusammen sein und können dann Ihren Besuch bei mir am nächsten Tag verabreden, vormittags oder besser noch nachmittags, wenn Sie noch hier sind. Von Biberach erzählen Sie mir dann.

Auf Wiedersehen also!

Mit freundlichen Grüßen
Ihre
Käte Hamburger

Stuttgart, 12. 10. 1964 an KS

Lieber Herr Dr. Schröter,

Dank für Ihre freundlichen Zeilen. Hier lege ich die Besprechung Ihres Vortrags in der Stg. Zeitung bei, den Staatsanzeiger mit der ausführlichen Wiedergabe werden Sie wohl schon direkt zugeschickt bekommen haben. Der Vortrag hat wirklich ein nachhaltiges Echo gehabt, und er hat ja auch eine bis dahin noch unbeleuchtete Seite der deutschen geistigen Situation der Zeit ausgezeichnet herausgearbeitet.

Es ist wirklich nett von Ihnen, daß Sie zu meinem Vortrag nach Hannover kommen, und ich freue mich, das Gespräch von neulich fortzusetzen, wozu sich sicher eine Gelegenheit ergibt. Ich mache in Göttingen am Mittwoch Station (Gebhards Hotel) und werde Donnerstag am frühen Nachmittag nach Hannover fahren, wo ich in

Kastens Hotel Luisenhof wohne. Nun wird mich Herr Dr. Henze von der Goethegesellschaft abholen, und mit ihm muß ich dann noch die Kathederverhältnisse im Beethovensaal in Augenschein nehmen. Er wird mich auch abends zum Vortrag abholen. Vielen Dank für die freundliche Einladung zu Ihren Eltern, doch wird das vielleicht vor dem Vortrag nicht möglich sein. Wenn Sie mir noch nach Göttingen (denn ich fahre hier schon Montag ab) die Telefonnummer Ihrer Eltern mitteilen könnten, würde ich Sie eventuell anrufen, wenn sich Zeit zu einem Plauderstündchen ergibt. Nach dem Vortrag werde ich Sie ja ohnedies sehen. Auch am Freitag vormittag bin ich noch in Hannover.

Mit guten Grüßen
Ihre
Käte Hamburger

Hamburg, 23. 11. 64 an KH

Sehr verehrte, liebe Frau Professor Hamburger,

zwei Tage haben wir auf die Rezension Ihres Abends gewartet, dann erschien sie am Samstag, und ich glaube, daß sie Ihnen gefallen wird, weil gewisse Absichten Ihres Vortrags ganz genau erkannt und gewürdigt worden sind. – Ich finde es einen großen Gewinn, dabei gewesen zu sein und einmal Ihre klare und überlegene Darstellungsweise unmittelbar wirksam gehört zu haben. Im »Sophokles«-Buch genieße ich sie nun wieder, mittelbar.

Denn mir bedeutet Ihr unvergleichliches analytisches Vermögen einen großen Genuß, und den exakten Stil Ihrer Darstellung nehme ich als Ausdruck der Unterscheidungsgewalt, die Sie üben. Leute wie

Stöcklein mögen diese ganze Art nicht! Sie haben ja selbst im »Sophokles« den allgemeinen Satz ausgesprochen, daß die moderne Literaturwissenschaft »auf das Machen mehr als auf das Gemachte aus« sei. Darin liegt ja alles: die ewige Anempfindelei des Dichtens fast mehr als der Dichtung, die jetzt verbreitet wird und die doch wohl mit einigen heute überaus wirksamen philosophischen Grundsätzen Hand in Hand geht, vor allem mit dem, daß außer dem Ich, das sich die Umwelt ununterbrochen allein produziere, gar nichts sei. Die Trennung des Subjekts von den Objekten wird aufgehoben, ja es wird geleugnet, daß es diese Trennung gebe; und so finden Träumer wie Stöcklein um sich her nichts fest Gegebenes, keine Objekte, an die sie mit dem Willen zur Sonderung, Rubrizierung, Systematisierung usw. herantreten könnten oder auch nur wollten. Er getraut sich nur »tastend zu kennzeichnen« (sein Vokabular ist ja direkt albern), und dabei kommt eben nichts heraus.

Ein Satz von ihm wie dieser, daß Sie das »Element der Schöpfung im Gedicht« nicht erkennten, zeigt doch, wie sehr ihm alle möglichen kritischen Kategorien abgehen. Denn »im Gedicht« ist von »Schöpfung« keine Spur, die lag davor. Und Sie, als Analysierender, haben allerdings keine Verpflichtung, sich im geringsten mit dem schöpferischen Prozeß zu befassen. Ihnen muß »das Gemachte« genügen.

Die »löbliche Nähe zur Grammatik« ist eine weitere Stöckleinsche Frechheit, da Sie ja allenfalls zum höheren Problem der syntaktischen Verhältnisse das Ihre sagen. – Kurz: Die Rezension ist nichts, als höchst bezeichnend für die Lage unserer »Wissenschaft«, die man, wenigstens insoweit sie sich als »moderne Literaturwissenschaft« geriert – »werkimmanent« und unhistorisch, »morphologisch« und paraphrastisch-anstaunend – wie sie sich gibt – als Wissenschaft nicht mehr anerkennen kann.

Ich möchte nicht wünschen, naseweis oder überheblich vor Ihnen aufzutreten, aber es war schon eine gewisse Rage, die Stöcklein – er immer nur als symptomatischer Vertreter dessen, was heute en vogue ist – bei mir ausgelöst hat. Hoffentlich haben Sie Henkel recht scharf und deutlich gesagt, um was es hier geht. Denn ich glaube nach wie vor, daß das Unbehagen, mit dem unsere Disziplin Ihre »Logik der Dichtung« aufnimmt, seine Ursachen in einer allgemeinen Geistesverfassung, nämlich der einer Systemfeindlichkeit, die zur Weltanschauung erhoben worden ist, hat. –

Über Hannover wäre noch so vieles Gute zu sagen. Aber ich möchte Ihnen heute nur herzlich danken für die Stunden, die ich mit Ihnen verbringen durfte, und zugleich möchte ich wünschen, daß sich ähnliche Gelegenheiten noch oft wiederholen.

Mit aller Anhänglichkeit bin ich

Stuttgart, 3. 12. 64 an KS

Lieber Herr Schröter,

herzlichsten Dank für Ihren Brief mit der freundlichen Rezension der Hannoverischen Allgemeinen. Dank aber vor allem noch einmal für Ihr Kommen nach Hannover und Ihre nette Betreuung – gern denke ich an den schönen Stadtbummel unter Ihrer sachverständigen Führung mit der Krönung im Kestner-Museum.

Nun haben Sie sich auch den Herrn Stöcklein zu Gemüte geführt und Ihre Gedanken an diese in jeder Hinsicht wohl etwas »unzeitgemäße Betrachtung« geknüpft. Wenn Sie einmal wieder herkommen, müssen wir über diese – ich meine Ihre Gedanken – nochmals sprechen, da ich nicht ganz verstanden habe, was Sie meinen, wenn Sie sagen, daß jetzt »die ewige Anempfindelei des Dichtens fast mehr als der Dichtung« verbreitet sei und »mit einigen heute überaus wirksamen philosophischen Grundsätzen Hand in Hand geht«, nämlich denen, daß »außer dem Ich, das sich die Umwelt ununterbrochen allein reproduziere, gar nichts sei«. Das klingt eigentlich eher nach Fichte, allenfalls noch nach dem Neukantianismus, aber ist, so weit ich sehe, heute gerade nicht mehr aktuell, wo man einerseits ontologisch, anderseits logistisch-strukturell denkt. Das hat auch eigentlich nichts mit dem was Stöcklein Interpretieren nennt zu tun: er glaubt »historisch« zu verfahren, wenn er beispielsweise das Benn-Gedicht »Was schlimm ist« auf barocke Scherzgedichte oder dgl. zurückführen will (abgesehen davon, daß er von meinem Buche* nichts verstanden hat).

Inzwischen hat auch Herr Saueressig von sich hören lassen und wird mich kurz vor Weihnachten besuchen. Vom Thomas Man-Thema ist er abgekommen und akzeptiert meinen Vorschlag eines Heine-Vortrags. Ich glaube auch, daß dergleichen das Biberacher Publikum noch mehr interessiert. – Gestern hatte ich Gelegenheit, mit Hans Mayer, der hier einen interessanten Vortrag über »Brecht und die Folgen im deutschen Drama (Frisch, Dürrenmatt, Walser, Peter Weiß)« gehalten hat, über Ihre Th. M.-Monographie zu sprechen: es wird Sie freuen zu hören, daß er sie vorzüglich findet und Sie gern kennenlernen möchte.

Für heute recht herzliche Grüße
Ihre
Käte Hamburger

* *und dem Zweck, zu dem ich dies Gedicht heranzog*

Göteborg, 2. 9. 65 an KS
[Postkarte]

Lieber Herr Schröter,

ich komme morgen (3. 9.) Abend nach Hamburg, Hotel Baseler Hospiz. Wenn Sie in Hamburg sind, rufen Sie mich doch dort an, entweder gegen 9 Uhr, oder Sonnabend früh gegen 8 h wenn es geht. Ich hatte die Absicht, evtl. noch in Blankenese ein paar Tage zu verbringen u. will Sonnabend vormittag hinfahren, um mich umzusehen. Vielleicht können wir das zusammen unternehmen. Nun hoffe ich, daß diese Karte Sie noch rechtzeitig erreicht.

Herzl. Gruß
Ihre Käte Hamburger

Stuttgart, 14. 9. 65 an KS

Lieber Herr Dr. Schröter,

das war ja nun wirklich schade, daß wir an einander vorbeigereist sind. Ich fand hier Ihre beiden schönen Karten aus dem Kestner-Museum vor und danke Ihnen besonders für diese Erinnerung an unseren Besuch dort vorigen November. Ich war derweil in Göteborg und meldete Ihnen meine Ankunft in Hamburg. Da ich nichts von Ihnen hörte, nahm ich an, daß Sie in Urlaub seien, und ein Anruf am Montag d. 6. 9. in der Universität, wo man Sie im Seminar nicht erreichen konnte, schien es mir zu bestätigen. Leider hatte ich versäumt, im Baseler Hospiz meine Adresse in Blankenese zu hinterlassen – und erfuhr dann durch Herrn Burckardt, den ich (wie er Ihnen wohl schon berichtet hat) am Blankeneser Bahnhof bei meiner

Abreise am 9. traf, daß Sie doch noch dort angerufen hätten. Und Herr B. war mit Recht ganz böse, daß ich mich nicht bei ihm gemeldet hatte! Meine Versäumnisse haben also das Verfehlen verschuldet, was beim nächsten Mal gutgemacht werden muß. Vielleicht schon nach Weihnachten, da ich hier eine Einladung der Lübecker Buchhandlung Weiland vorfand, im Rahmen des »Lübecker Podium« über Thomas Mann zu sprechen. Dann käme ich ja über Hamburg.

Inzwischen las ich Ihre Kontroverse mit H. Heckmann in der »Welt der Literatur«. Diese sonderbare Allergie des Hauskreises in bezug auf den Bourget. Als ob es eine Schande wäre, einen literarischen Zeithorizont sichtbar zu machen.

Nun bin ich gespannt auf Ihr Heinrich Mann-Buch, mit dem Sie auf jeden Fall einen sehr viel weniger beackerten Boden betreten als in der Literatur um den Bruder. Als Gegengabe werde ich vorläufig nur meine Neuausgabe der Josephschrift senden können, die unter dem schlechten Titel »Der Humor bei Th. M.« herauskommt, in bezug auf den ich mich beim Verlag absolut nicht durchsetzen konnte. Im Vorwort habe ich mich jedoch der Verantwortung dafür entzogen.

Für heute herzliche Grüße

Ihre

Käte Hamburger

Empfehlen Sie mich auch bitte Ihrer Mutter mit Dank für Ihren Gruß.

Stuttgart, 21. 11. 65 an KS

Lieber Herr Schröter,

in den letzten zwei Wochen habe ich, sehr gefesselt, Ihr Heinrich Mann-Buch gelesen und möchte Ihnen zuallererst aufs herzlichste für dies wertvolle Geschenk danken. Das ist ein Buch, das jedem Literaturhistoriker ein Wohlgefallen sein muß und wird. Unbeirrt von der heute gängigen mehr oder weniger snobistischen Auffassung, daß Stoff, Ideen und gar Einflüsse für das Werk irrelevant seien, zeichnen Sie gerade die grundstrukturellen Wesenselemente von Heinrich Manns Romanwerk in das System von Einflüssen prägnant hinein, die zu seiner Formation beigetragen haben und zusammen einen geistesgeschichtlichen Horizont ergeben, in den Heinrich Manns Werk dann selbst eingeht und die Epoche mit charakterisiert. Und zwar in einer Weise, die frei von den Klischees ist, mit der die Jahrhundertwende etikettiert zu werden pflegt, so vor allem was die Wirkung Nietzsches betrifft. A propos: die Verteidiger Thomas Manns gegen Bourgeteinflüsse brauchen nicht mehr so empört zu sein, wenn sie erfahren, daß selbst Nietzsche von Bourget beeinflußt war und seinen Dekadenzbegriff von ihm hatte. Ja, Sie haben da viel überwachsenen Boden freigelegt und damit Neuland erobert. Und zwar in überaus sorgfältiger und sauberer Forschungsarbeit, die zweifellos eine Standardgrundlage für die fernere Heinrich Mann-Forschung sein wird. Ich könnte mir denken, daß Sie selbst diese Untersuchung der Anfänge, von denen ja die Linien schon überall zum späteren Werk hingezogen sind, einmal in eine große Gesamtmonographie über Heinrich Mann hineinnehmen wollen. Dabei würde dann wahrscheinlich auch sein schriftstellerischer Stil zu beurteilen sein (der, wie ich gestehen muß, mir in den meisten Fällen die Lektüre seiner Romane nicht reizvoll erscheinen ließ. Aber, wenn das seine Gründe haben sollte, wäre auch das auf diese hin zu untersuchen). Alles in allem: ich beglückwünsche Sie zum Erscheinen dieses Buches, dazu in so schöner würdiger äußerer Gestaltung und an bester hierfür denkbarer Stelle.

Was meine Neuauflage der Josephschrift betrifft, so ist diese nun auch erschienen, unter dem schlechten Titel »Der Humor bei Thomas Mann«, und überhaupt im Zeichen schlechten Gewissens, die alte, heute für die Forschung nicht mehr notwendige Arbeit noch einmal herausgegeben und der Kritik ausgesetzt zu haben. Je weniger davon die Rede ist, umso lieber ist es mir.* Überall sprießen jetzt die Doktorarbeiten über das Mythische etc. bei Thomas Mann hervor. Eine recht gute in den Marburger Beiträgen gedruckte Dissertation über die Erzählsituation im Josephroman sandte mir der Verfasser Jürgen Hohmeyer. Er stützt sich zu meiner Freude auf meine literaturtheoretischen Arbeiten, nicht auf die Josephschrift. Ein anderer Thomas Mann-Doktorand Uwe Schönebeck sandte mir dieser Tage seine ungedruckte umfangreiche Dissertation, die er Erzählfunktionen des Mythos betitelt hat (wobei aber Erzählfunktion etwas anderes bedeutet als bei mir: doch ist dies ein Mißstand in der Literaturwissenschaft, daß genau definierte theoretische Begriffe in allen möglichen Bedeutungen verwendet werden, sehr oft ohne den Urheber überhaupt zu nennen. In dieser Hinsicht müßte sich auch die Literaturwissenschaft ein Beispiel an den Naturwissenschaften nehmen).

Für heute herzliche Grüße
Ihre
Käte Hamburger

* *Ich sende Ihnen das Buch trotzdem als kleine Gegengabe.*

Stuttgart, 18. 2. 66 an KS

Lieber Herr Schröter,

am 5. März, Sonnabend, komme ich nach Hamburg (Baseler Hospiz), um am 6. in Lübeck einen Vortrag zu halten. Am Montag komme ich dann wieder nach Hamburg zurück, um noch 2–3 Tage zu bleiben. Da wäre es ja nun nett, wenn man sich diesmal treffen könnte. Teilen Sie mir doch bitte gleich mit, ob Sie eventuell am 5. 3. den Abend frei sind. Ich bin freilich noch nicht ganz entschieden, ob ich den Morgenzug nehme und um 17.00 in Hamburg bin oder den Mittagszug der erst gegen 21.30 eintrifft. Aber die Waage wird sich wohl mehr dem ersteren zuneigen, wobei ich es auch etwas abhängig davon mache, wie ich den Samstagabend verbringen kann.

Kommen Sie aber nicht auf die Idee, den Vortrag in Lübeck anzuhören, wie Sie es netterweise in Hannover taten. Denn ich muß, ganz und gar gegen meinen Willen, über meine ollsten Kamellen reden, wie sie im Buche gedruckt sind, den Humor bei Th. M. Herr Hamkens von der Buchhandlung Weiland, die das arrangiert, bestand trotz Themenabmachungen (über den Faustus) zum Schluß doch darauf. Da kann man nichts machen, und ich wasche meine Hände in Unschuld.

Wie geht es Ihnen? Wie war und ist die Resonanz auf Ihr Heinrich Mann-Buch?

Für heute herzliche Grüße
Ihre
Käte Hamburger

Hamburg, 22. 2. 66 an KH

Sehr verehrte, liebe Frau Professor Hamburger,

herzlichen Dank für Ihren Brief, den ich nun gleich – noch vor Ihrem Schreiben vom 21. 11. 65 – beantworten will: Ich stehe Ihnen am 5. März zu jeder Zeit zur Verfügung und bitte nur noch um Nachricht, wann Sie eintreffen werden. Ich hole Sie dann am Zug ab. Bitte sagen Sie auch, ob Sie auf dem Hauptbahnhof oder lieber Dammtor aussteigen wollen – Dammtor wäre zum Basler Hospiz so günstig gelegen (wie Sie sicher wissen), daß man zu Fuß hinübergehen könnte. Hier kommt nun aber die Mitteilung, die Sie sicher enttäuschen wird: Ich habe Anfang dieses Jahres meinen Wagen verkauft, weil ich noch im Dezember eine neue Wohnung genommen habe. Die ganze Ravage des Umzugs, der Neueinrichtung, vor allem aber der monatelangen Wohnungssuche sind nun auch der Grund, warum ich auf Ihren so sehr freundlichen Brief zu dem Heinrich Mann-Buch bisher nicht geantwortet habe. Ihre Stimme war das allererste Echo, und Sie können sich denken, wie sehr lieb mir Ihr wohlwollendes Echo war.

Aber zurück zum Auto! Ist Ihnen unter diesen Umständen überhaupt daran gelegen, daß ich Sie hier abhole und begleite? Haben Sie nicht motorisierte Freunde hier, die Ihnen besser behilflich sein könnten als ich? Aber dies sind bloß Fragen. Ich selbst würde mich außerordentlich freuen, wenn ich bei Ihnen sein könnte und erwarte also Ihren Abruf. Bitte disponieren Sie dabei ganz so, wie es Ihnen nach der Reise und vor dem Vortrag angenehm ist. Wenn Sie per Bahn nach Lübeck weiterreisen, wäre ich sogar versucht, Sie zu begleiten. Vielleicht könnte man am Sonntagnachmittag in Lübeck noch etwas herumspazieren oder dergleichen. –

Für Ihr Humor-Buch möchte ich dann mündlich noch besonders danken und vielleicht einige Fragen stellen, da ich für den Hessischen Rundfunk demnächst eine Rezension anfertigen soll.

Bis zum Wiedersehen also, sehr verehrte und liebe Frau Professor Hamburger!

Ihr Ihnen anhänglich-ergebener

Stuttgart, 26. 2. 66 an KS

Lieber Herr Schröter,

so utilitaristisch bin ich ja nun nicht veranlagt, daß ich Ihr vorhandenes oder nicht vorhandenes Auto im Sinne gehabt hätte, als ich Ihnen mein Kommen mitteilte! – Inzwischen hat es sich nun insofern etwas geändert, als ich am Sonnabend nicht in Hamburg übernachte, sondern gleich in Lübeck *Hotel am Mühlenteich, Mühlenbrücke 6.* Denn ich hatte nicht beachtet, daß der Vortrag in Lübeck eine »Matinee« ist und dort um 11.15 in den Kammerspielen des Lübecker Stadttheaters, Sonntag, stattfindet, wie mir Herr Hamkens mitteilte. Ich habe im Baseler Hospiz jetzt erst ab Sonntag 6. 3. reservieren lassen. In Hamburg komme ich am Sonnabend um 17.01 an und kann dann irgend einen der vielen Züge nach L. nehmen – oder möglicherweise mit Dr. Hans Bürgin im Auto hinfahren. Dieser nämlich, mit dem ich schon in Schweden bzw. von dort aus in Korrespondenz war, will von Kappeln nach Hamburg kommen, damit man sich einmal persönlich kennenlernt, und dann auch in Lübeck meinen Vortrag hören. Mit ihm bin ich augenblicklich auch in »Verhandlung« wegen des Treffens und werde wohl bis Montag 28. 2. seinen Bescheid haben (nachdem ich nämlich ihm auch erst gemeldet hatte, daß ich Sonnabendabend in Hamburg sein würde). Nur wäre es aber doch furchtbar nett von Ihnen, wenn Sie auf alle Fälle zum Zug 17.01 kommen würden, sollte das Ihre Dispositionen nicht zu sehr stören. Wir könnten dann überhaupt etwas ausmachen, ich bleibe doch wohl bis zum 9. 3. inkl., und, falls z. B. Dr. Bürgin direkt nach Lübeck kommt, oder auch, falls nicht, mit ihm zusammen, ein paar Stunden in Hamburg, am Hauptbahnhof im Restaurant, zusammen sein, bis ich nach Lübeck weiterfahre. (Kennen Sie Dr. Bürgin? Er gehört doch hoffentlich nicht zu Ihren »Bourget-Gegnern«?) In Lübeck will mich nun auch Herr Hamkens, Inhaber der Buchhandlung Weiland, abholen – und ich muß mindestens noch bis Anfang der kommenden Woche warten, bis ich alle Nachrichten habe, um alle diese netten Verabredungen zu arrangieren. Ich gebe Ihnen also nochmals Bescheid, wollte Sie heute nur von der kleinen Dispositionsänderung in Kenntnis setzen. Der feste Punkt ist vorläufig 17.01 Hauptbahnhof (das Aussteigen am Dammtor fällt damit weg. Denn nach Lübeck gehen die Züge doch nicht vom Dammtor, oder doch?)

Eine neue Wohnung? Wo ist denn Hamburg 63? Das ist wohl sehr weit von der Stadt?

Für heute herzlichst
Ihre
Käte Hamburger

Würden Sie auch nach Lübeck kommen? Das wäre nett

Stuttgart, 1. 3. 66 an KS

Lieber Herr Dr. Schröter,

nun ist alles arrangiert und scheint sehr gut zu klappen. Dr. Bürgin kommt erst am Sonntag direkt nach Lübeck. Und es wäre nun sehr nett, wenn Sie mich um 17.01 am Hauptbahnhof erwarteten. Ich melde Herrn Hamkens meine Ankunft in Lübeck für 20.49 an, so daß es keine Hetze gibt: ab 20.02 Hamburg Hpbh. Da diese Züge, wie ich mich nun erkundigt habe, nur vom Hauptb. abgehen, kann ich nicht am Dammtor aussteigen, obwohl es dort gemütlicher wäre. Wenn Sie noch ein übriges an Gefälligkeit tun wollen: würden Sie bei Gelegenheit im Basler Hospiz nachfragen, ob meine Umbestellung dort in Ordnung ist. Ich habe das Zimmer für Sonntag bestellt. Und noch eins, die Witterung betreffend. Dies Jahr waren ja die Temperaturunterschiede in Nord- und Süddeutschland so groß, daß ich nicht weiß, wie es sich jetzt in Hamburg verhält. Hier ist milder Frühling, schon seit Mitte Februar, Forsythien, Krokus blühen. Wieviel Grad ist es ungefähr bei Ihnen. D. h. ist ein dicker Pelz nötig? Wenn Sie mir das noch umgehend mitteilen würden, daß ich's bis Freitag weiß, wäre ich Ihnen sehr verbunden.

Und so denn bis Sonnabend – herzlichen
Gruß
Ihre
Käte Hamburger

Hamburg, 19. 3. 66 an KH

Sehr verehrte, liebe Frau Professor Hamburger,

sehr herzlichen Dank für die so rasche Übersendung Ihres Buches über Tolstoj und des Euphorion-Aufsatzes, den ich sogleich las, und dem ich viel Belehrung verdanke. So hat mir z. B. die Unterscheidung der stilistischen von der sprachtheoretischen Analyse, die Sie treffen – und die nun, nach dem Sie sie ausgesprochen haben, selbstverständlich erscheint –, erklärt, in welcher Richtung manche heftige Kritik an

Ihrem Werk danebenging. Bewundert habe ich übrigens wieder einmal Thomas Manns Formulierungskunst in jenem Satz, der sich als Bestätigung Ihrer Darstellungen so genau und schön am Ende einfügt. Natürlich wäre er wert, »oben« im Text zu stehen, aber ich verstehe, warum Sie ihn lieber »unter den Strich« haben setzen wollen. – Sie sagen, die sprachtheoretischen Phänomene lägen verborgen unter den stilistischen – dies doch wohl in dem Sinn, daß jene diese begründen; und so wäre Ihre Arbeit nicht nur ein »Beitrag« zur Erkenntnis sprachstilistischer Erscheinungen, sondern Grundlagenforschung, an der die Begriffsdiffusion der heutigen stilanalytischen Verfahren sich ordnen könnten – ich dachte dies nach der Lektüre der »Logik der Dichtung« vor Jahren und jetzt, als ich Ihre Zurechtweisung Ihrer Kritiker las, wieder.

Darf ich, sehr verehrte Frau Professor Hamburger, noch rasch – möglichst ehe Sie an Herrn Professor Singer schreiben – etwas zu den Habilitationsplänen sagen: Ich hatte entsprechende Vorschläge aus dem hiesigen Seminar, die vor Jahren in der Form des Angebots einer Assistentenstelle an mich herankamen, abgelehnt, weil ich mich zu einem solchen Posten nicht recht geeignet finde (ich meine: zum Assistentendasein, das mir ungewöhnlich trist erscheinen muß, nach dem was ich hier sehe). Und diese Bedenken bleiben bestehen. Ich erlaube mir, Ihnen dies deshalb zu sagen, weil Professor Nicolai, mit dem ich die Möglichkeiten gleich durchgesprochen habe, mich darauf aufmerksam gemacht hat, daß Professor Singers freundliches Interesse an mir und meiner evtl. Habilitation – von dem ich Ihnen erzählte – auch den besonderen Grund haben könnte, daß er mich als Assistenten brauchte. Das also würde ich nicht tun; ich möchte mich gern außerhalb des eigentlichen Seminarbetriebs auf die Habilitation vorbereiten – die beruflichen Voraussetzungen dazu wären ja günstig –, aber gerade diesen Weg hielt Prof. Nicolai für fast unmöglich. Gewönne ich die »Protektion« Professor Singers hingegen auch unter diesen Umständen, dann schiene mir das Vorhaben ausführbar. Wollen Sie diese Einschränkungen, bitte, berücksichtigen, wenn Sie Herrn Professor Singer wirklich schreiben?

Gleich nach Ihrer Abreise habe ich – so gut es ging – die zwei Manuskriptseiten der Rezension Ihres »Humor«-Buches abgeschlossen. In einer Sendung des Hessischen Rundfunks am 23. April soll sie veröffentlicht werden. Natürlich habe ich mich auch bemüht, den sachlichen Gehalt Ihrer Arbeit darzulegen; aber dieser Bemühung waren ja vom Umfang her recht enge Grenzen gesetzt. Und so habe ich hauptsächlich darauf geachtet, daß der Ton kräftiger laudativer Würdigung durchdringt. Ich erwähne dies nur, liebe Frau Professor Hamburger, um Ihnen meine Anhänglichkeit und Verehrung auszudrücken. Die Tage mit Ihnen, hier und in Lübeck, waren sehr schön. Auf das Wohlwollen, das ich von Ihnen annehmen darf, bin ich recht stolz.

Wie stets:

Stuttgart, 27. 3. 66 an KS

Lieber Herr Schröter,

Ihren Brief will ich noch rasch beantworten, ehe ich morgen für die kommende Woche nach Baden-Baden fahre – in der freilich inzwischen zerstörten Hoffnung, dort richtige Frühlingstage zu haben, denn es ist hier wieder bitter kalt geworden. – Ja, was nun meinen Brief an Prof. Singer betrifft, so kam der Ihre zu spät: ich hatte ihm in Ihrer Sache gleich nach meiner Rückkehr aus Hamburg geschrieben und auch bereits eine nette Antwort von ihm erhalten, dahingehend, daß er, wenn er im Herbst zurück ist, gern bereit ist, sich für Ihren Plan, sich bei ihm zu habilitieren, zu interessieren. Natürlich erwähnte er nichts von einer dazu notwendigen Assistentenschaft. Ich aber, lieber Herr Schröter, hätte jedenfalls und unter keinen Umständen ihm gegenüber von dieser Ihrer Bedingung etwas erwähnen können. In diese Dinge kann ich mich doch nicht einmischen. Meine Aufgabe war lediglich, Ihren Plan durch eine Empfehlung zu unterstützen. Alles übrige müssen Sie selbst mit Prof. Singer verhandeln. – Nun aber stellte er eine kleine Bedingung bzw. sprach eine Bitte aus, die ich Ihnen deshalb jetzt weitergeben muß, weil Sie sie durch Ihre Rücksprache mit Prof. Nicolai eigentlich, wenn auch unwissend, sabotiert haben: er bat mich, die Sache vorläufig vertraulich zu behandeln, weil heutzutage so leicht vorzeitig etwas zerredet werden kann. Daraus entnehme ich, daß ihm vielleicht Ihre Unterhaltung mit Prof. Nicolai nicht unbedingt recht gewesen wäre. Aber nun ist es wohl das Beste, das auf sich beruhen zu lassen und nicht etwa Prof. Nicolai zu bitten, seinerseits Diskretion zu wahren, jedenfalls dies nicht als Singers Wunsch ihm mitzuteilen. Was ich Ihnen raten würde, wäre dies: die kommenden Monate zu einer Planung der Habilitationsarbeit zu benutzen und sich um weiteres vorläufig nicht zu kümmern. Dies ist ja schließlich die Hauptsache, und es scheint mir wichtig, dem präsumptiven Habilitationsvater gleich etwas schon Festumrissenes vorzulegen. Mir scheint es, gerade auf Grund von Prof. Singers Vertraulichkeitswunsch, nicht richtig, wenn Sie an ihn schrieben. Er könnte dann meinen, ich hätte seinen Wunsch nicht beachtet, und wüßte nicht, auf Grund welcher Umstände ich dies wenigstens Ihnen gegenüber tun mußte. Sein Brief kam erst vor wenigen Tagen, und ich wollte Ihnen gerade deswegen schreiben.

Schönen Dank für Ihre Besprechung meines Buches. Da ich den Hessischen Rundfunk hier kaum hören werde, wäre es nett, wenn Sie mir später einmal das Manuskript schicken würden. – Was meine Dichtungstheorie und den Euphorionaufsatz betrifft, so bin ich in der Tat der Meinung, daß die sprachtheoretischen Verhältnisse, die sozusagen im »Keller« der Dichtungsgebäude- oder gebilde, wie die verdeckten Röhren, liegen, den Dichtern unbewußt, die Formen, die sie anwenden, »steuern«. Das geschieht schon in dem Augenblick, in dem der Autor die fiktiven Gegenwartsgedanken seiner Figuren im Imperfekt darstellt. Daß diese exakten Verhältnisse nur in der erzählenden Dichtung vorliegen, hat seinen Grund in dem Phänomen des Erzählens, das bisher alle Grammatiker und natürlich alle Literaturtheoretiker mit dem der Aussage für identisch hielten, deshalb, weil, wie ich glaube, die Struktur der Aussage bisher nicht untersucht worden ist. Mein nun bald in der Zeitschr. f. phil. Forschung erscheinender Aufsatz darüber, den ich Ihnen dann schicke, versucht, diese Lücke zu füllen. *Kurz habe ich es ja auch schon im Euphorion-Aufsatz skizziert.* Ich hoffe, dies dann auch in die neue für nächstes Jahr geplante, umgearbeitete Auflage meiner »Logik« hineinarbeiten zu können.

Für heute herzliche Grüße
Ihre
Käte Hamburger

Hamburg, 23. 6. 66 an KH

Sehr verehrte, liebe Frau Professor Hamburger,

endlich will ich mich wenigstens mit einem herzlichen »Zwischengruß« melden und sagen, daß ich mit Herrn Professor Singer Briefe gewechselt und von ihm die Aussicht auf ein Gespräch im Oktober erhalten habe. Bis dahin muß ich nun meine eigenen sehr starken Skrupel bereinigen, so oder so. Wenigstens ein Thema habe ich in Umrissen schon abgetastet ... Darf ich mich eventuell zu diesem Punkt später und gelegentlich bei Ihnen noch einmal melden?

Der Abschluß der Heinrich Mann-Monographie macht mir jetzt Mühe. Vor kurzem war ich für wenige Tage ins Heinrich Mann-Archiv nach Berlin gefahren.

Gestern traf ich den alten Herrn Dr. Steinbömer (das Jubiläumsheft der Lübecker »Gemeinnützigen« zu seinem 85. Geburtstag wurde Ihnen damals geschenkt). Er erkundigt sich nach Ihnen und bedauerte sehr, zur Zeit Ihres Vortrages nicht in Lübeck gewesen zu sein.

Kommen Sie nach Hamburg im Sommer? – Nur weil Sie es wünschten, lege ich das Ms. der Funkrezension bei; üben Sie bitte Nachsicht.

Mit den ergebensten Grüßen bin ich in alter Anhänglichkeit

Stuttgart, 11. 7. 66 an KS

Lieber Herr Dr. Schröter,

viel zu lange schon ist mein Dank für Ihre letzte Sendung unausgesprochen. Ich war und bin aber wirklich gerührt über das »Lobgold«, das Sie über mein Josephbüchlein ausschütten, das mir selbst, aus ehrlichster Überzeugung, gar nicht so hoch über die anderen Schriften hinauszuragen scheint (allenfalls die des guten Berendsohn, aber das ist kein Kunststück!) Aber es hat mich natürlich sehr gefreut, wie ausgezeichnet Sie das Wesentliche meiner Schrift herausgehoben haben, wie denn auch das ganze Referat von Ihrer kritischen Begabung zeugt. – Vor einiger Zeit las ich – ich glaube in der Stuttgarter Zeitung – eine sehr positive Besprechung Ihres »Heinrich Mann« von Gregor-Dellin, umso höher zu schätzen als dieser ja, verbunden mit der Th. M.-Familie in seiner Eigenschaft als Herausgeber der Werke von Klaus Mann in der Nymphenburger Verlagshandlung, zu Ihren scharfen Gegnern in der Bourget-Frage gehörte, was er ja auch erwähnt. Ich vermute, daß die Rezension Ihnen von Metzler zugeschickt worden ist.

Ich freue mich, daß Sie nun mit Prof. Singer in vorläufigen Kontakt gekommen sind, und hoffe, daß die noch restlichen Skrupel verschwunden sind. Natürlich interessiere ich mich für das Ihnen vorschwebende Thema der eventuellen Habilitationsschrift. Wäre übrigens nicht eine weitere Ausarbeitung des Heinrich Mann das Gegebene? Gerade weil es so wenig Literatur über ihn gibt, wäre eine Gesamtmonographie doch eine gewichtige Sache und auch in Hinsicht auf den Umsatz zu erwägen. Aber lassen Sie von Ihren Plänen hören.

Am Mittwoch d. 10. August werden ich und meine Freundin Frau Dr. Winkler Hamburg passieren, d. h. wir fahren, wie ich im März, nach Lübeck weiter, von wo wir am Abend des 11. August nach Bornholm mit dem Schiff (von Travemünde) fahren. Wissen Sie in Lübeck übrigens ein gutes Hotel? Ich wohnte im März ja in dem Hotel am Mühlenteich und werde erstmal dort anfragen. Sind Sie an diesem Tage noch in Hamburg oder haben Sie Reisepläne? – Vorher, nächste Woche, fahre ich noch nach Bochum und halte dort meinen Vortrag über den Faustusroman; man – Prof. Schrimpf und Strohschneider – wünschte das sehr. Außerdem ist noch ein Zusammentreffen mit Weinrich arrangiert, der am folgenden Tage einen Vortrag über die Linguistik des Widerspruchs halten wird, worüber dann am nächsten Tage eine Diskussion stattfinden soll. Dagegen, daß man mich als Hauptdiskussionsteilnehmer aufstellen will, habe ich mich zwar verwahrt – mit Weinrichs gelehrter Linguistik kann ich nicht konkurrieren –, aber teilnehmen muß ich natürlich. Sahen Sie seine von der Darmstädter Akademie preisgekrönte und jetzt bei Lambert Schneider erschienene Schrift »Linguistik der Lüge«, die vorzüglich ist. Wenn es möglich ist, möchte ich auch gern Dr. Mayer in

Düsseldorf und seine Sammlung besuchen. Vielleicht kommt er auch nach Bochum zum Vortrag, das liegt da ja alles nahe bei einander.

Für heute herzliche Grüße und nochmals vielen Dank!

Ihre

Käte Hamburger

Hamburg, 3. 8. 66 an KH

Sehr verehrte, liebe Frau Professor Hamburger,

verzeihen Sie bitte, daß ich erst heute auf Ihren Brief vom 11. 7. antworte – in den letzten Wochen war die Heinrich Mann-Monographie abzuschließen und ich mußte daher andere Verpflichtungen leider vernachlässigen.

Hiermit will ich nur rasch melden, daß ich am 10. August Ihnen und Frau Dr. Winkler zu jeder beliebigen Zeit zur Verfügung stehe, Sie sehr gern bei der Ankunft Ihres Zuges erwarte, Ihnen umsteigen helfe usw. Bitte teilen Sie mir nur die Ankunftszeit und Ihren Plan für den Tag kurz mit.

Ein Hotel in Lübeck hätte ich Ihnen nicht empfehlen können, da ich sie nicht kenne. Aber ich hoffe, daß Sie »Am Mühlenteich« Quartier bekommen haben?

Hier trat gestern folgendes Ereignis ein, das mir ein wenig den Atem verschlagen hat: Ein Professor von der State University of New York machte mir das Angebot, von diesem September bis zum nächsten Juni als Associate Professor für deutsche Literatur (nicht Sprachunterricht) an eines der Colleges der N. Y. University zu kommen. Es ist nun schade, daß ich Herrn Professor Singer augenblicklich nicht erreichen kann – er wird jetzt seine USA-Rundreise machen, nehme ich an, da er sagte, er sei bis Mitte Juni in Stanford, und da er weitere Adressen nicht angegeben hat. Ich hätte zu diesem Angebot gern Ihre Stimme gehört. Die materiellen Bedingungen sind für einen Associate Prof. gut; 9 Wochenstunden sind zu lesen, auch das scheint mir günstig. Dazu die unmittelbare Nähe New Yorks! Nach einigen sehr unruhigen Stunden denke ich nun, daß ich annehmen sollte. Die kurze Frist eines Dreivierteljahres verdirbt ja nichts. Spätestens am 10. werde ich hierzu Ihr Urteil erfahren, auf das ich sehr gespannt bin.

Zu Ihren rheinländischen Vorhaben wünsche ich herzlich alles Gute. Den Besuch bei Herrn Dr. Mayer, der doch sicher sehr angenehm war, haben Sie – wie ich via Sauereßig hörte – schon vorweggenommen. –

Gute Reise, sehr verehrte Frau Professor Hamburger, und gute Ankunft hier! Ich freue mich außerordentlich, Sie wiedersehen zu dürfen.

Mit den ergebensten Grüßen, stets
Ihr

Stuttgart, 4. 8. 66 an KS

Lieber Herr Schröter,

Dank für Ihren Brief, den ich umgehend beantworte, weil am Mittwoch leider ein Zusammentreffen am Bahnhof nicht möglich sein wird. Aus einem traurigen Grund, meine Freunde Juster in Blankenese betreffend. Frau Juster wurde im Mai an einem Gehirntumor operiert und liegt noch im Krankenhaus. Dort will ich sie zwischen meiner Ankunft und Weiterfahrt nach Lübeck besuchen; ihr Mann holt mich ab, während meine Freundin in einem Café wartet. – Gern würde ich Sie sprechen, besonders um des neuen überraschenden Plans willen, zu dem ich auf alle Fälle gratuliere, und den Sie, wie ich sehe, auch auszuführen gedenken. Wenn dies der Fall ist, werden Sie vielleicht schon fort sein, wenn ich in den ersten Septembertagen wieder durch Hamburg komme? Darum mache ich den Vorschlag, daß Sie vielleicht, wenn Sie abkommen können und sich die Zeit nehmen wollen, am Donnerstag, d. 11. nachmittags nach Lübeck kommen. Das Schiff geht von Travemünde um 19.43. Wir wohnen im Hotel Zum Löwen (Restaurant Justin), Mühlenbrücke 7 (gegenüber Hotel am Mühlenteich, wo kein Platz war), Tel. 0451/74636. Wir wollen am Vormittag besichtigen gehen. Vielleicht könnten Sie – unter obigen Voraussetzungen – gegen 15.00 dorthin kommen, evtl. mit nach Travemünde fahren, und wir könnten gemütlich noch ein paar Stunden zusammen sein und Ihre Probleme besprechen. Lassen Sie mich wissen, ob Sie das einrichten können.

In Bochum war es ganz besonders schön und interessant, und gar den Nachmittag und Abend bei Dr. Mayer! Auch Herr Saueressig besuchte mich vorige Woche und erzählte von Ihrem neuen Heinrich Mann-Bändchen.

Herzliche Grüße

Ihre
Käte Hamburger

Hamburg, 6. 8. 66 an KH

Sehr verehrte, liebe Frau Professor Hamburger,

vielen Dank für Ihren Brief vom 4. 8., den ich sogleich beantworte: Leider wird es mir nicht möglich sein, am 11. nach Lübeck zu kommen, da ich nämlich, in Erwartung Ihrer Ankunft hier am 10., für diesen Donnerstag fest einige Handwerker bestellt habe, hinter denen ich seit Wochen und Monaten herlaufe. Es ist noch dies und das in der Wohnung zu tun, und falls ich nach Amerika gehe (ich erwarte nun noch die Antwort des dortigen Dekan), müssen diese Dinge jetzt erledigt werden. – Dagegen denke ich, in den ersten Septembertagen noch hier zu sein und werde mich dann jedenfalls freihalten, um da zu sein, wenn Sie hier an- oder auch nur durchkommen.

Nochmals alles Gute für Ihre Fahrt nach Bornholm (wohin ich auch immer gern einmal wollte) und die ergebensten Grüße

Ihres

Stuttgart, 24. 10. 66 an KS

Lieber Herr Schröter,

meinen herzlichen Dank zuerst für Ihren Glückwunschbrief, der zugleich eine erste Nachricht Ihres neuen amerikanischen Lebens war. Die Beschreibung der State University in so schöner Landschaft, und doch nicht zu weit von New York, läßt vermuten, daß Sie sich schnell einleben werden, es wohl schon in vieler Hinsicht getan haben. Die Erfahrung mit dem Unterricht –, der doch etwas Neues für Sie ist, nicht wahr? – den Studenten und den Kollegen haben Sie nun inzwischen auch schon gemacht und sind hoffentlich in jeder Beziehung zufrieden. Welch guter Zufall, daß Sie nun doch noch mit Prof. Singer persönlich sprechen konnten. Es scheint also, daß die Habilitation beschlossen ist. Über welches Thema haben Sie sich geeinigt?

Mein Siebzigster war ein schönes Fest, und die Stuttgarter haben nicht wenig dazu getan. Lassen Sie sich auch noch für die Ehrung durch Ihren Namen in der tabula gratulatoria meines Buches danken, das man ja, wenn nicht als Festschrift doch als Festgabe hergerichtet hat. Das Buch wurde pünktlich ausgeliefert und ist vielleicht schon in Ihren Händen, wenn Sie es nicht in Hamburg gelassen haben. – Nach Hamburg komme ich im Februar wieder; die Goethe-Gesellschaft hat mich zu einem Vortrag eingeladen. Da werde ich Sie nun nicht antreffen, denn Sie bleiben wohl bis zum Sommer in Amerika.

Ich wünsche Ihnen sehr viel Schönes, wie es das erste Erlebnis Amerikas unter so günstigen Umständen zweifellos ist. Ich werde mich sehr freuen, einmal wieder von Ihren Erlebnissen zu hören.

Herzlichen Gruß

Ihre

Käte Hamburger

Stony Brook/New York, 10. 12. 66 an KH

Meine sehr verehrte, liebe Frau Professor Hamburger,

herzlichen Dank fuer Ihren Brief. Ich habe mich sehr gefreut zu hoeren, dass Ihr Geburtstagsfest ein schoener Tag fuer Sie gewesen ist – so, wie wir alle, die Sie kennen und verehren, es Ihnen aufrichtig wuenschen. Ich sage »wir«: denn unter meinen hiesigen Kollegen hat Professor John R. Russell (Promotion in Princeton bei Prof. Bernhard

Ullmer) Ihre Schriften gelesen und mich, als wir darueber sprachen, mit viel Interesse nach diesem und jenem gefragt. (Er aeusserte nebenher den Wunsch, dass Ihre »Logik der Dichtung« ins Englische uebersetzt werden sollte; wenn Sie, nach der endgueltigen Ueberarbeitung des Werkes, von der Sie einmal sprachen, die amerikanische oder englische Ausgabe planen, koennten Sie sich vielleicht an John Russell als Uebersetzer erinnern.)

Meine Taetigkeit macht mir weiterhin viel Spass. Allerdings nimmt sie mehr Energie und Zeit in Anspruch, als ich erwartet hatte, und so bleibt fuer ernsthafte eigene Arbeiten nichts uebrig. An dem Plan der Habilitation halte ich einstweilen fest. Nach der Rueckkehr nach Hamburg, Juni 1967, soll ein Gespraech mit Prof. Singer die letzte Entscheidung bringen. Das vorlaeufige, noch nicht fest umrissene Thema »Dichtung und Geschichte« (im 19. Jahrhundert), schien Prof. Singer zuzusagen. Da er aber Wert darauf legt, dass ueber diese Dinge nicht gesprochen wird, moechte ich Sie bitten, diese Mitteilungen ihm gegenueber nicht zu erwaehnen – wenn Sie ihm etwa im Februar im Hamburg begegnen werden. – Schade, dass ich nicht unter Ihren Zuhoerern sein kann; und noch mehr bedaure ich, Ihnen nicht in freien Stunden bei Ihrem Hamburg-Besuch zur Verfuegung stehen zu koennen. – Wie hat Ihnen denn Bornholm gefallen? Vielleicht fahren Sie im naechsten Jahr wieder dorthin?

Mit meinen besten Wuenschen zum Jahreswechsel und mit ergebensten Gruessen, sehr verehrte, liebe Frau Professor Hamburger, bin ich, wie stets,

Ihr

Stuttgart, 30. 1. 67 an KS

Lieber Herr Schröter,

soeben habe ich ihren Rowohlt-Heinrich Mann gekauft und freue mich auf die Lektüre. Meinen Glückwunsch also zu der neuen Hervorbringung, die ebenso erfolgreich, aber vielleicht weniger umstritten, sein möge als der Thomas Mann. – Herzlichen Dank für Ihren Weihnachtsbrief. Ich freue mich wirklich, daß Ihnen Ihre Collegetätigkeit weiter Freude macht und Sie guten Kontakt mit den Kollegen und zweifellos auch mit den Studenten haben. Mr. Russell empfehle ich mich freundlichst. Man freut sich immer zu hören, wenn jemand an den eigenen Produktionen Interesse nimmt. Was die »Logik d. Dichtung« betrifft, so interessiert sich für deren Übersetzung ins Englische ein Doktorand von Prof. Müller-Vollmer (Stanford), der im Sommer hier war und mit dem ich es schon besprach. Doch wird dies erst für die neue Auflage aktuell, deren Bearbeitung ich eben jetzt in Angriff nehme und die ich hoffe, Ende des Jahres erscheinen zu lassen. Auf welchem Gebiete hat Prof. Russell gearbeitet? Wenn es für meine Probleme einschlägig ist, wäre ich Ihnen dankbar, wenn Sie mir einen Hinweis gäben.

Sollte ich in 14 Tagen Herrn Singer in Hamburg sehen, werde ich, falls er Ihre Sache nicht aufs Tapet bringt, Stillschweigen bewahren. Ja, schade, daß Sie diesmal nicht dort sind und wir kein gemütliches Plauderstündchen im Dammtor oder sonstwo haben können. So schön ja bezaubernd es in Bornholm, und vor allem in unserem Svaneke war, dies Jahr werde ich wohl nicht sofort wieder hinfahren. Aber irgendwann einmal werde ich es tun (obwohl man in meinen Jahren ein so bestimmtes Futurum ja nicht aussprechen kann). Ihr Thema »Dichtung und Geschichte«, wohl begrenzt auf Zeitgeschichte?, klingt natürlich noch vage, aber nach Ihren bisherigen Arbeiten kann ich mir schon eine Vorstellung machen.

Vor einigen Tagen war ich wieder bei Freund Saueressig in Biberach, nicht zu eigenem Vortrag, sondern eingeladen, um den Vortrag einer Bekannten, Dr. Heidi Heimann aus London, Kunsthistorikerin, über Rilke zu hören, und Herrn Saueressigs neues Haus, in dem er jetzt ein eigenes Zimmer fürs Archiv hat, zu besichtigen. Es war wieder furchtbar nett.

Lassen Sie wieder einmal von sich hören und genießen Sie die restlichen Amerikamonate. New York wird Sie gewiß auch sehr fesseln.

Herzliche Grüße
Ihre
Käte Hamburger

Stony Brook/New York, 20. 3. 67 an KH

Sehr verehrte, liebe Frau Professor Hamburger,

noch immer schulde ich Ihnen sehr herzlichen Dank fuer Ihren Brief vom 30. Januar. Hat Ihnen denn Rowohlt keine Heinrich Mann-Monographie zugeschickt? Ich hatte Ihren Namen natuerlich auf die Liste derer gesetzt, die »auf Veranlassung des Autors« in allererster Linie bedacht werden sollten. Aber vielleicht hat der Verlag inzwischen getan was er sollte.

Die Zeit hier geht, und zwar rasend, zu Ende. Ich hatte nebenher Gelegenheit, einige Vortraege zu halten: am wichtigsten war vielleicht der im Goethe House in New York City, »Heinrich Mann und die Deutschen«, vor einem sehr interessierten Publikum. Andere in der New York University und sogar der Columbia University (»Ivy League«) folgten. – Der schoenste Tag war ein Besuch der Yale

University; ich hatte das Glueck, dort an einigen Seminaren und Vorlesungen teilnehmen zu koennen und betrat das Campus also nicht nur als Tourist. Die Intensitaet, mit der dort gearbeitet wird (Yale nimmt nur jeden sechsten Bewerber auf, daher nur wirklich interessierte Studenten), der Reichtum, der mit universitaetseigenen Kunstgalerien, einer speziellen »Rare Book and Manuscript Library« den Studierenden die Moeglichkeit wirklicher Anschauung verschafft, einige schoene Georgianische Bauten, all das war ungemein eindrucksvoll.

Aus Deutschland kommen Publikationsvorschlaege, ich bin mit Arbeitsplaenen versehen und freue mich auf den Einsatz in einem neuen literarhistorischen Feld. Rowohlt teilte den Vertragsabschluss ueber eine amerikanische und eine japanische (!) Ausgabe der Thomas Mann-Monographie mit, was ich huebsch und nett finde. Aber vor allem sehe ich nach vorn und moechte weiter-weiter arbeiten.

Die Rueckpassage ist schon gebucht, am 8. Juni kommt die »Bremen« in Bremerhaven an. Wie sehr wuerde ich mich freuen, Sie dann recht bald zu sehen.

Mit den ergebensten Gruessen, anhaenglich wie stets:

Stuttgart, 25. 6. 67 an KS

Lieber Herr Schröter,

inzwischen sind Sie nun wieder in Hamburg gelandet, und sehr verspätet sende ich Ihnen nun den Rückwillkommensgruß und vor allem meinen Dank für Ihren Brief (vom März!) sowie die später von Rowohlt geschickte Heinrich Mann-Monographie. Ich hatte sie längst gekauft, sie im Februar auf der Reise nach Hamburg angefangen, mußte sie dann aber wieder wegen anderer nötiger Arbeiten und Lektüre abbrechen und habe sie nun vor einigen Wochen wirklich mit spannendstem Interesse gelesen. Soweit ich es, die ich ja kaum eine Heinrich Mann-Kennerin bin, beurteilen kann, finde ich sie vorzüglich, sehr instruktiv, und zeugt eben doch von der Vorliebe ihres Verfasser für diesen Bruder Mann, während das Thomas'sche gewollt oder ungewollt immer ein wenig schlecht wegkommt. Vor allem aber schätze und bewundere ich, wie schon in Ihrer Dissertation, die Ausweitung des Horizonts in literarischer, gesellschaftskritischer Hinsicht, ganz abgesehen von der genauen Kenntnis dieses ja quantitativ schon anspruchsvollen Werkes. *Ob das Buch auch so erfolgreich sein wird wie die Th. M.-Monographie?*

Ich hoffe, Sie werden sich bald einmal wieder in Stuttgart und Umgebung zeigen. Gern hörte ich von Ihren weiteren Plänen und ob der Habilitationsplan Gestalt annimmt. Und vor allem von Ihren Erlebnissen in Amerika, von denen Sie ja schon von dem in Yale berichtet haben. Sie scheinen ja auch über die State University hinaus bekannt geworden zu sein – und bereuen sicher dieses Jahr nicht.

Ich habe jetzt nahezu die große Umarbeitung meiner »Logik d. Dichtung« für die 2. Auflage fertig, die mich die letzten Monate ganz in Anspruch genommen hatte. Manches, so das Lyrikkapitel, ist ganz neu geschrieben. – Ich erhielt eine Einladung zum nächsten Frühjahr für 2 Monate nach Stanford, habe sie angenommen, aber bereue es bereits wieder. Ich scheue vor einem solchen Unternehmen mit allem was drum und dran hängt, dazu 5 Unterrichtsstunden in der Woche, und unmotorisiert als ältere, sagen wir ruhig alte Dame in dieser Gegend: das ist alles sehr zu bedenken. Herr Strothmann, der Chairman des dortigen German Department ist jetzt hier, Bad Boll und wird mich dieser Tage aufsuchen. Davon will ich meinen Entschluß noch abhängig machen. – Mittwoch aber kommt erst Freund Saueressig zum gemütlichen Schwatz, bei dem dann auch Ihrer gedacht wird.

Hoffentlich trafen Sie Ihre Familie wohlbehalten an. Haben Sie in Amerika noch *den Israelkrieg und seine Wirkungen mitbekommen? Man zittert, daß die Politik der Großmächte den Sieg zu einer Niederlage macht!*

Herzliche Grüße
Ihre Käte Hamburger

Hamburg, 6. 7. 1967 an KH

Sehr verehrte, liebe Frau Professor Hamburger,

herzlichen Dank für Ihren Rückwillkommensgruß! Ich hatte in den Tagen, als er ankam, gerade begonnen, was sich hier an Büchern angesammelt hatte, durchzugehen und las in Ihrer »Philosophie der Dichter«, besonders die Schiller-Aufsätze. Sie führten mich, über den kleinen Reclam-Abriß über Schillers ästhetisches Denken hinaus weiter in sein antithetisches Verfahren ein, das in merkwürdig ähnlicher Struktur – und mit eben den gleichen Folgen der Beugung von Phänomenen unter die Konstruktion, oder der Erweiterung der Begriffe um der Konstruktion willen – auch die Grundlage von Heinrich Manns Denken bildet. – Ich getraue mich Ihnen gegenüber kaum es auszusprechen, wie gern ich Ihren kritisch-scharfen Darlegungen folge und welchen intellektuellen Genuß neben der Befriedigung über wirkliche Belehrung ich aus Ihren Schriften gewinne. – Darf ich noch hinzufügen, daß ich mich kolossal freue, Ihr Bild am Ende des Bandes zu finden – und ganz zuletzt auch meinen Namen, gedruckt, offiziell und für dauernd, als kleinen Annex zu Ihrem! Sie sehen, liebe, verehrte Frau Professor Hamburger, wie sehr Ihr Brief dies alles ergänzte, und Sie werden mir hiernach glauben, wie erfreut ich über Ihre Zustimmung zur Heinrich Mann-Monographie war.

Sie fragen nach dem Habilitationsplan. Ich antworte Ihnen gern offen, möchte Sie aber bitten, was hier folgt nur persönlich, vertraulich aufzunehmen, da ich zu anderen nicht darüber spreche: Amerika, so wie ich es kennenlernte (das ist eine große Einschränkung, da ich nur mit Gebildeten zusammentraf), hat mir so ungemein gefallen, daß es mir viel schwerer als erwartet wird, wieder in mein hiesiges Schneckenhaus zurückzukriechen. Meine Sympathien mit Deutschland, die eigentlich immer sehr bemessen waren, scheinen sich ganz verflüchtigt zu haben und ich glaube, ich würde gern dort drüben tätig sein. Dies alles kommt hinzu zu den Bedenken, die ich stets dagegen hatte, zwei Jahre oder so ans »Große Graecum« zu wenden, das für die Habilitation ja gefordert ist. Ich will also den Habilitationsplan fallen lassen. Neue Arbeiten packe ich gern an (ich will die deutsche Literatur der Zwanziger Jahre einmal entweder untersuchen oder darstellen – was ich mir, da alle jetzt mit »dem Expressionismus« befaßt sind, ganz interessant denke); sollte das Graecum, wenn meine Arbeit in ca. drei Jahren fertig sein wird, als Habilitationsforderung entfallen, könnte ich die Habilitation mit dieser Arbeit betreiben. Wenn nicht, unterbleibt sie. »Drüben« kommt man auch ohne sie weiter.

Wenn Sie irgend können, nehmen Sie doch die Einladung nach Stanford an. Ich bin überzeugt, daß Ihnen jede Hilfe – Abholen im Wagen etc. – aufs Freundlichste und Großzügigste geboten wird. Und die – methodisch zwar ungeschulten, aber ungewöhnlich interessierten – jungen Leute dort zu unterrichten, war jedenfalls für mich ein Erlebnis, das ich mir so befriedigend nie hätte vorstellen können.

Es wäre noch so viel zu erzählen. Aber ich breche ab und möchte nur noch zwei Bitten äußern:

Würden Sie mir einen Abdruck Ihrer Abhandlung »Zur Theorie der Aussage«, wie vor einem Jahr in Aussicht gestellt, schicken können? (Und falls Sie noch ein Exemplar der Euphorion-Arbeit »Noch einmal: Vom Erzählen« hätten, wäre ich auch für sie sehr dankbar.)

Die zweite Bitte betrifft Ihre »Doktor Faustus«-Rezension. Würden sie sich bereit finden können, mir eventuell zu erlauben, sie in deutscher Übersetzung in einem Sammelband kritischer Dokumente zu Thomas Manns Wirkung, den ich langsam anfange vorzubereiten, abzudrucken? Aber ehe Sie »Nein« sagen, sparen Sie die Entscheidung lieber noch auf; vor 1969 wird der Sammelband nicht fertig.

Ich hoffe nur, daß Sie diesen langen Report mit Nachsicht aufnehmen und daß Sie mir gelegentlich wieder ein Wort gönnen werden.

Mit herzlichen Grüßen, wie stets,

Ihr Ihnen sehr ergebener

Stuttgart, 5. 12. 67 an KS

Lieber Herr Schröter,

in meinem Kasten mit noch nicht beantworteten Briefen befindet sich zu meinem Schrecken auch noch der Ihre vom 6. Juli – in der Tat war ich irgendwie der Meinung, daß ich ihn beantwortet hätte. So muß ich um Ihre Nachsicht bitten. – Der Sommer mit Reise, der Herbst auch noch mit ein paar Vortragsreisen, die intensive Arbeit an der Neuauflage der »Logik«, die nun im Druck ist – stark verändert, wenn auch im Prinzipiellen unverändert –, die Herstellung mal wieder einer Thomas Mann-Darstellung für einen italienischen Verlag, für einen Nobelpreisträger-Band, dann die Vorlesungen über Frühromantik, die ich z. T. neu geschrieben habe – kurz die Monate fliegen, wie Sie es ja wohl aus eigener Erfahrung kennen.

Die lange Verzögerung meiner Antwort fassen Sie also bitte nicht als Desinteressement an dem auf was Sie mir über Ihre Pläne berichteten. Es scheint also, daß die USA auch Sie zu den ihrigen wird rechnen können. Ich kann es verstehen. Die jüngeren Kollegen, die dort wirken – Hermand, Voss, Müller-Vollmer und noch viele scheinen sich ja alle sehr wohl und befriedigt dort zu fühlen. Und gerade Ihre moderne historisch soziologische Thematik, Ihre Heinrich Mann-Forschung an der Spitze, dürfte in Amerika sehr ankommen und gewiß auch schon angekommen sein. Die Habilitation hier scheint ja allmählich auch nicht mehr als non plus ultra betrachtet zu werden, sondern bereits vorhandene Forschung dafür einstehen zu können. Und wenn die vehemente revolutionäre Kritik und Aggression der radikalen Studenten Boden gewinnt, werden die Einrichtungen der Universität wohl allmählich »reformiert« werden. Aber haben sich in den inzwischen vergangenen Monaten schon nähere Aussichten angekündigt?

Für mich rückt nun doch die Stanfordsache näher. Ja, ich habe damals im Sommer angenommen und bis jetzt nicht abgesagt. Zumal ich von dort alle gewünschten Zusicherungen bekommen habe, z. B. nur das lesen zu können was ich will, und mein Programm, eben Romantik als dreistündige Vorlesung während etwas mehr als zwei Monaten und eine zweistündige Übung über die Duineser Elegien sehr gern akzeptiert wurde. Auch scheint man sich zu freuen, daß ich komme, nach allem was man mir schreibt, und wird mir alles so bequem wie denkbar machen. Und mit Wohnung etc. scheint es dort ja wirklich kein Problem zu sein. Eine junge Dame, die dort Dozentin ist, und die ich im Sommer hier in Bad Boll kennen lernte, wo ein großer Teil der Stanforder zum Sommerkurs war, hat sich schon sehr darum gekümmert. Gewiß steht es mir recht bevor, aber ich freue mich doch auch darauf, ein solches Herauskommen schadet gewiß nicht. Nun soll ich auch nach anderen Universitäten kommen, Madison, Houston, in New York am Goethehaus sprechen – mal sehn ob ich das alles einrichten kann. Vor allem bin ich ja in Stanford gebunden.

Sie fragen nach einer Faustus-Rezension von mir, die Sie in deutscher Übersetzung in einem Sammelband bringen wollen? Was meinen Sie? Doch nicht die alte schwedische, die den Zorn Th. Manns erregt hat? Ich glaube kaum, daß ich das zugebe. Manches darin ist wirklich etwas dumm und von meinem damaligen noch nicht völlig durchdachten Urteil gefärbt. Das möchte ich nun nicht noch einmal verewigen.

Lassen Sie von sich hören und berichten Sie, was sich inzwischen bei Ihnen »getan« hat. Augenblicklich sind Sie doch noch an der Goethe-Bibliographie tätig?

Jedenfalls alle guten Wünsche für das kommende Jahr, wie es sich auch gestalten möge

Ihre

Käte Hamburger

Die beiden Sonderdrucke, die Sie wünschten, gehen gleichzeitig ab.* Daß Sie, anläßlich meiner Schillerarbeiten, bei Heinrich Mann ein ähnlich antithetisches Denken erkennen wie bei Schiller, ist interessant. Bei dieser Gelegenheit danke ich Ihnen – oder tat ich es schon? – für Ihren Namensbeitrag zur tabula gratulatoria, wodurch Sie ja das Buch erworben haben (mir war das alles gar nicht recht!)

* *Der Aussagen-Aufsatz kommt jetzt als 1. Kapitel in die neue »Logik«.*

Stuttgart, 30. 8. 68 an KS

Lieber Herr Schröter,

ich habe ein miserables Gewissen, daß ich so lange nichts von mir hören ließ und Ihnen nun sehr verspätet für Ihre Kartengrüße danke, den letzten aus Hamburg zusammen mit Herrn Saueressig. Noch schlechter ist mein Gewissen, weil ich, glaube ich, auch versäumt habe, Ihnen einen Gruß aus Stanford zu schicken, wofür es keine Entschuldigung ist, daß ich so entsetzlich viel Karten und Briefe zu versenden hatte, wobei dann leider der eine und andere doch »auf der Strecke blieb«. Nun, ich hoffe, Sie kommen einmal wieder in hiesige Gegend oder ich nach Hamburg, um Ihnen ausführlicher von dem Erlebnis meiner Amerikafahrt zu erzählen, das in der Tat sehr groß war und mich noch immer sehr erfüllt. Ich war ja auch im schönsten Teil Amerikas. Waren Sie auch nach Kalifornien gekommen, als Sie drüben waren? Das Semester in Stanford war ganz entzückend. Ein herzliches Verhältnis zu den Studenten hatte sich sofort hergestellt, und das amerikanische Universitätsleben mit parties etc., dazu unter immer blauem Himmel, stellte sich mir von seiner besten Seite dar. In Stanford gab es auch keine größeren Unruhen – nur ein sich doch recht friedlich abspielendes sit-in fand während der Zeit statt. Und was habe ich alles gesehen, vom Pacific bis zur Sierra Nevada und den Grand Canyon. Auf der Hinreise war ich auch in Madison, und am Ende habe ich sogar noch einen »Abstecher« nach Südamerika, Ecuador, gemacht, zum Besuch meiner Schwester.

Und wie geht es Ihnen? An welchen Dingen sitzen Sie? Was machen die amerikanischen Pläne und Aussichten? Sie hatten doch die Absicht, dorthin zurückzugehen und sich nicht in Hamburg zu habilitieren? Vielleicht haben Sie das schon realisiert? – Ich habe nicht viel Neues gemacht, nur einen eben fertig gewordenen Aufsatz, meine Kritik am Faustsymbol von Thomas Manns »Doktor Faustus«, die nächstes Jahr in einem Festbuch für Martini erscheinen wird. Gern würde ich wieder einen größeren Plan in Angriff nehmen, aber bin noch unentschlossen.

Tragen Sie mir mein Versäumnis nicht nach und erzählen mir bald einmal von sich.

Herzlichst Ihre
Käte Hamburger

Hamburg, 7. 10. 68 an KH

Sehr verehrte, liebe Frau Professor Hamburger,

schon längst habe ich Ihnen für Ihren Brief vom 30. 8., den ersten nach Ihrer Rückkunft danken wollen. Es ist wahr, ich hatte auf einen Gruß von drüben gehofft; desto größer nach der längeren Entbehrung die Freude über Nachrichten von Ihnen.

Ich konnte es mir nicht anders denken, als daß Sie in Stanford angenehme, anregende und erfüllende Eindrücke haben würden. Daß Sie dazu soweit herumgekommen sind, bestaune ich.

Mein Jahr verlief sehr ruhig. Hauptsächlich bearbeite ich zeitgenössische Urteile (Rezensionen, Polemiken, Würdigungen bis in die Tageszeitungen hinein) über Thomas Mann. Ich möchte den starken Band im Winter mit einer umfangreichen Einleitung abschließen. Er wird im nächsten Herbst erscheinen. Ich selbst möchte zu dem Zeitpunkt schon wieder in den USA sein.

Hierzu hätte ich die Bitte an Sie: Könnten Sie mich nicht in Stanford empfehlen? Sehr gute Zeugnisse der State University of New York at Stony Brook könnte ich vorlegen und eine »list of publications« beifügen. Mir läge so sehr viel daran, einmal den

Westen Amerikas kennenzulernen. Und ich denke, daß in Stanford Bedarf an deutschen Dozenten doch bestehen wird?

Ein letztes kleineres Unternehmen von hier aus war ein Besuch in Frankfurt, zur Buchmesse, wo es viele Empfänge aber weiter keine besonderen Eindrücke gab. Auf der Hin- und Rückreise besuchte ich die »documenta« in Kassel – mir sehr interessant, dort in großer Versammlung all die Ergebnisse der neuesten bildenden Künste zu sehen, die ich in Einzelstücken schon aus New York kannte. Man muß bei diesen Grellheiten aber selbst guter Laune sein, um sie wohlmeinend aufnehmen zu können.

Wie gefiel Ihnen denn »unser« »Wege und Gestalten«-Band? Ein Dokument für das, was Thomae dort an Kulturarbeit geleistet hat, mag er jedenfalls sein.

Für heute, Liebe Frau Professor Hamburger, bin ich mit den herzlichsten Grüßen

Ihr Ihnen sehr ergebener

Stuttgart, 10. 12. 68 an KS

Lieber Herr Dr. Schröter,

haben Sie Dank für Ihren letzten Brief, den ich freilich etwas verspätet doch nun zugleich mit allen guten Wünschen zum Jahreswechsel beantworte. Möge das kommende Jahr Ihnen die Erfüllung Ihres Wunsches bringen, nach Amerika zu übersiedeln und dort festen Fuß zu fassen. Ich denke nicht, daß das schwer sein wird, nachdem Sie den ersten Schritt schon hinter sich haben. Ich hatte die Gelegenheit eines Briefes an Professor Sokel abgewartet, um ihm von Ihnen zu berichten und zu fragen, ob es in Stanford eine Möglichkeit für Sie gibt. Ihr Heinrich Mann-Buch wird ihm ja auch nicht unbekannt sein. Sokel kommt im Frühling hierher, leitet dann die Studentengruppe Stanford in Austria, also in Wien. Doch der Chairman des German Department ist noch Prof. Strothmann, mit dem dann wohl zu verhandeln wäre. Ob nun ein Bedarf dort ist, weiß ich nicht. Aber es gibt so viele Universitäten in Kalifornien, daß sich Möglichkeiten sicher bieten können.

Der Biberacher Band ist wirklich imponierend, nicht zuletzt Ihre Einleitung über das Bildungsproblem, äußerst kenntnisreich, vielleicht ein wenig zu weit ausholend und gewaltig – bezogen auf die Biberacher Vortragsabende. Freund Saueressig hat ja nun auch Kalifornien einen Besuch abgestattet. – Nach meinem amerikanischen Abenteuer lebe ich nun ruhig hier in Stuttgart, ruhig zwar auch cum grano salis zu nehmen, da hier unentwegt, und in Zusammenhang mit der Vergrößerung der geisteswissenschaftlichen Fakultät an der Universität Stuttgart, etwas los ist. Ich bin auch immer noch dort tätig, bis jetzt noch ungestört von studentischer Opposition, habe auch nur ein kleines Seminar diesen Winter. Dabei ist man ja ohnedies auf Diskussionsbasis, die von den Studenten gewünscht wird. –

Mit Interesse und Neugier erfahre ich von Ihrer Bearbeitung zeitgenössischer Thomas Mann-Kritik. Wieso wird das gerade für Thomas Mann gemacht? Handelt es sich um eine Sammlung der Urteile oder diskutieren Sie sie nur? Ich könnte mir denken, daß Ihre Einleitung das Problem zeitgenössischer Kritik überhaupt behandelt? Übrigens könnte dazu auch eine Arbeit von mir gehören, nämlich eine Kritik des »Doktor Faustus«, die im Herbst in einem Festbande zu Martinis 60. Geburtstag erscheinen wird. Meine Kritik richtet sich auf das Faust- und Teufelsproblem.

Leben Sie wohl für heute und herzliche Grüße

Ihre

Käte Hamburger

Stuttgart, 20. 1. 69 an KS

Lieber Herr Schröter,

heute erhielt ich einen Brief von Professor Sokel aus Stanford, in dem er meine Frage betreffend eine Möglichkeit für Sie am Department beantwortet. Ich schreibe Ihnen am besten den Passus ab:

Sie schreiben von Herrn Schröter, daß er sich eventuell für eine Lehrtätigkeit bei uns interessieren würde. Ich bin mit seinem Werk sehr vertraut und schätze ihn sehr. Leider ist die Stellung, die wir für nächstes Jahr zu bieten haben, eine sehr bescheidene. Wir haben nichts besseres als eine »lectureship«, die eine Vorlesung für »advanced undergraduates« über deutsche Geistesgeschichte seit Leibniz, Literaturkurse für Anfänger und auch den einen oder anderen Sprachkursus einschließen würde. Eine solche Stellung wird auch leider nicht sehr gut bezahlt. Ich nehme kaum an, daß ein Gelehrter vom Rang Herrn Schröters sich dafür interessieren könnte. Sollte dies aber doch der Fall sein, würden wir natürlich sehr gern mit ihm korrespondieren. Allerdings haben wir bereits zwei Kandidaten für nächstes Jahr im Auge.

Allerdings: sehr verlockend ist das ja nicht. Ich könnte mir denken, daß Sie nach dem Start, den Sie ja schon in den U. S. A. gemacht haben, sogleich bessere Aussichten haben können. Aber vielleicht lockt es Sie schon wegen der Schönheit Kaliforniens und als ein provisorisches Sichniederlassen, von wo aus Sie sich dann weiter umschauen könnten. Wenn Sie also in Korrespondenz mit Herrn Sokel treten wollen, ist dies die Anschrift: Professor Walter H. Sokel, Department of German, Stanford University, Stanford, Cal. 94305. – Am Ende sind Sie schon in Verhandlungen mit einer Universität? Ich glaube, daß es sehr gute Möglichkeiten für Sie gibt.

Meinen letzten Brief werden Sie erhalten haben. Ich hatte damals sogleich nach Erhalt Ihrer Frage an Sokel geschrieben, dessen Antwort sich durch Grippe etc. etwas verzögert hatte. Und wie geht es Ihnen? Sind Sie bei neuen Dingen? Lassen Sie einmal wieder von sich hören und seien Sie für heute herzlichst gegrüßt

Ihre
Käte Hamburger

Hamburg, 7. 2. 69 an KH

Sehr verehrte, liebe Frau Professor Hamburger,

diesmal kann ich mich nur mit Arbeit dafür entschuldigen, daß ich Ihnen so lange nicht geschrieben habe. Zwei Briefe sind es, die ich Ihnen beantworten muß. Und darf ich denn noch jetzt alle guten Wünsche für das angelaufene Jahr aussprechen?

Meine Amerika-Pläne haben eine überraschend nette Wendung dadurch erhalten, daß ich Ende vorigen Jahres ein Angebot der Columbia University, New York City, erhielt, das ich angenommen habe. Ich werde also im Herbst wieder drüben sein – worauf ich mich freue. Aber ein Unbehagen angesichts der Lage der Nation ist auch dabei. Columbia wird von Harlem bedrängt, sehr viele dope addicts leben gerade in den Straßenblocks dort oben etc. Andererseits habe ich in New York die besten Freunde und bin, nicht zuletzt durch die Bekanntschaft mit Mr. Joachim Stresemann (Sohn von Gustav Str.) im Goethe Haus, einem literarisch-gesellschaftlichen Zentrum, gut eingeführt. Endlich glaube ich, daß Columbia als eine der angesehensten Universitäten Möglichkeiten aller Art bietet.

Aus Kalifornien wird also vorerst nichts. Über Professor Sokels freundliches Angebot habe ich mich aber dennoch sehr gefreut. Fast mehr noch darüber, daß Sie wirklich die Liebenswürdigkeit hatten, für mich anzufragen. Soll ich ihm selbst schreiben?

Meine Dokumentation zu Thomas Mann – zeitgenössische Zeugnisse über ihn, gesammelt, kommentiert und eingeleitet – war es, die mich vom Briefschreiben abhielt. Ich habe sie nur bis 1955 geführt. (Das erste Zeugnis ist bereits von 1891: ein Urteil des Vaters.) Ich hatte Sie ja vor längerer Zeit gefragt, ob ich nicht evtl. Ihre kritische schwedische Rezension des »Faustus« aufnehmen könnte. Aber inzwischen habe ich die ganze »Faustus«-Diskussion rauslassen müssen. Die allgemeinen Debatten um Thomas Manns Verhältnis zu Deutschland nach 1945, erst recht wieder 1949, paßten besser in die Konzeption. Die »Faustus«-Diskussion hätte ohnehin aus Raumgründen nicht in extenso gegeben werden können. – In diesen Tagen schließe ich die »Einführung« ab. Das Buch erscheint im Herbst bei Wegner.

In Hamburg ist es durch Unruhen und »Besetzungs«-Versuche der Studenten nun dahin gekommen, daß der ganze Philosophenturm seit zwei Tagen polizeilich geschlossen worden ist. Wir sind ausgesperrt! (Was mir bei der Thomas Mann-Arbeit sogar zu Paß kommt.)

Das wäre nun der Bericht über die Lage. Wie geht es Ihnen? Auf Ihre Studie zum »Faustus« bin ich sehr gespannt. Kommen Sie wieder einmal hier herauf? Oder fahren Sie nach Weimar zur Goethe-Tagung? Ich habe mich angemeldet. Sauereßig kommt Ende Februar hierher – dann werde ich doch sicher von Ihnen wenigstens hören.

Herzlichste Grüße Ihres

Stuttgart, 2. 3. 69 an KS

Lieber Dr. Schröter,

für Ihren Brief und die Karte mit Herrn Saueressig herzlichsten Dank. – Die guten Nachrichten des Briefes haben mich sehr erfreut. Columbia gehört ja zum Feinsten was Amerika anzubieten hat, und selbst wenn Sie dort nur für ein Jahr verpflichtet sind, ist es ein guter Start, so daß Sie wählerisch sein können. Denn Ihre Absicht, sich in Amerika anzusiedeln, scheint ja ziemlich fest zu sein – und ist auch begreiflich angesichts der dortigen so viel besseren Fortkommensmöglichkeiten und der hiesigen Zustände (die wohl allmählich auch die Professoren wegtreiben werden). Gewiß – auch die amerikanischen sind nicht gerade rosig, und Columbia liegt in besonders schlechter Gegend. Wer hat Sie eingeladen? Prof. Ludwig Kahn, ein guter Freund von mir, oder Bauke?

Auf Ihre Thomas Mann-Dokumentation bin ich gespannt. Das wird ein nützliches Buch sein. Bei welchem Thema sind Sie denn jetzt?

Schade, daß ich nicht mit Ihnen und Herrn Saueressig im Finnlandhaus die Ablieferung Ihres Manuskripts feiern konnte. Ist es das Restaurant bei der Kunsthalle, wo wir einmal waren? Es scheint etwas weiterhin zu liegen – in Hamburg gibt es auch wieder manches was ich noch nicht gesehen habe. Vielleicht komme ich im Laufe des Frühjahrs mal hinauf, um meinen Neffen dort zu treffen. In diesem Falle würde ich Ihnen Bescheid geben.

Für heute herzliche Grüße und alles Gute weiter

Ihre

Käte Hamburger

Stuttgart, 16. 10. 69 an KS

Lieber Herr Dr. Schröter,

gerade hatte ich, an Herrn Saueressig schreibend, bei diesem nach Ihnen gefragt, da ich so lange nichts von Ihnen gehört hatte. Von ihm kam noch keine Antwort, statt dessen aber gestern zu meiner größten Überraschung vom Verlag Wegner Ihr gewichtiges Werk! Nun kann ich heute nicht ausführlich schreiben, weil ich morgen für eine Woche nach London fliege – als Überraschung für Ida Herz zum 75. Geburtstag. Ich will aber nicht warten, bis ich wieder zurück bin und das Buch gelesen haben werde, sondern Ihnen heute nur einen vorläufigen Dank schreiben, dem ich doch schon ein erstes Wort der Bewunderung beifügen kann. Denn ich habe gestern abend noch Ihr Nachwort gelesen und mich über Art und Anlage des Werkes orientiert – beides hochinteressant. In der Tat wird einem bei der Lektüre – ich muß sagen vorläufiger Kenntnisnahme schon – klar, welch ein fruchtbarer Gegenstand gerade Thomas Mann als Objekt im Urteil der Zeit ist. Dadurch kommt ein ganz neuer Aspekt heraus. Und nun dokumentiert durch die große Fülle des ja meist unbekannt gebliebenen oder doch mit der Zeitkritik wieder versunkenen Materials, das Sie wieder »gehoben« haben. Welch eine Arbeit steckt dahinter, und gar in den Erläuterungen, wie ich schon nach flüchtigem Blättern sah.

Dies nur für heute, in Eile. Wo befinden Sie sich denn jetzt? Wird mein Briefchen Sie in Hamburg erreichen?

Herzliche Grüße und Dank
Ihre
Käte Hamburger

Stuttgart, 5. 1. 70 an KS

Lieber Herr Dr. Schröter,

längst fällig ist dieser Brief und die Antwort auf Ihren Brief vom November, der mich nun über Ihr neues Leben, den erfreulichen Fortschritt Ihrer Laufbahn orientiert hat. Ich freue mich sehr darüber – und habe diese Freude neulich zu Ludwig Kahn geäußert, den und seine Frau ich vor Weihnachten in Wennigsen bei Hannover besucht habe, wo er, beschäftigt mit Studien im Wilhelm Busch-Archiv sein sabbatical verbringt. Sie werden ihn sicher nach seiner Rückkehr kennen lernen. Daß ich mit meiner Überzeugung, Columbia habe mit Ihnen eine »Acquisition« gemacht, nicht hinterm Berge gehalten habe, können Sie sich denken. Wie die Dinge liegen, ist es am Ende wahrscheinlicher, daß wir uns eher in New York als in Hannover wieder einmal begegnen, wo Sie mich einst so nett herumgeführt haben. (Zumal die dortige Goethegesellschaft zurückgegangen und kleiner geworden sei, wie ich hörte, und daher wohl nicht mehr so viel Vortragende einladen wird). – Natürlich werde ich Kollegen und sonstige Germanisten, die nach New York kommen, an Sie verweisen. Kann ich Ihnen damit ja nur einen Gefallen tun. In meinem nächsten Brief an Prof. Sokel oder Müller-Vollmer werde ich von Ihnen sprechen und Sie zu einem Vortrag empfehlen. Ihre Themen sind ja immer interessant und entsprechen in hohem Grade dem aktuellen politisch-soziologischen Interesse.

Ausgezeichnet ist denn auch mal wieder Ihre Analyse von Heinrich Manns »Ein Zeitalter ...«, das es wahrlich verdient, der Vergessenheit entrissen zu werden. Vielleicht kreuzte sich Ihre Sendung mit der meines Sonderdrucks über den »Doktor Faustus«, die ich wohl Ende November absandte. Gern würde ich von Ihnen hören, ob meine Kritik am Faust- und Teufelssymbol Sie überzeugt hat. – Nachdem ich mit der Arbeit an meiner laufenden Heinevorlesung endlich fertig war, habe ich mich noch etwas eingehender mit Ihrer großen Thomas Mann-Dokumentation beschäftigt, die ich wirklich bewundere (vielleicht auch Gelegenheit zu einer Anzeige finde).* Welche Arbeit allein das Auffinden der Dokumente, für die es doch noch keinerlei bibliographische Hinweise gab (außer vielleicht die Jonas-Bibliographie? Aber wohl kaum). Abgesehen davon, daß diese Dokumente über den Gegenstand Thomas Mann hinaus auch eine Besichtigung des Zeitalters darstellen, geben sie auch und vor allem das Material an die Hand, das Profil Thomas Manns nicht so sehr als Schriftsteller denn als Gestalt der Zeit sehr viel schärfer nachzuzeichnen, als es sonst auf Grund seiner eigenen Äußerungen geschieht. Und das haben Sie ja im Nachwort vorgezeichnet. Natürlich kann es bei einer so dezidierten Einstellung wie der Ihrigen hier und da nicht ausbleiben, daß auch einmal überbelichtet oder überbetont wird: eben weil sich jede nationale oder nationalistische Regung früherer Zeiten von heute gesehen gefährlicher ausnimmt als sie einst war. Ich denke da z. B. an den Kommentar, den Sie den Nummern 48, 49, 52 geben. Aber das ist kein Einwand gegen das Ganze des wichtigen Werks, das ja eben nicht einseitig auswählt, sondern im Nebeneinander von politisch Belastendem und Entlastendem doch die sui generis-Erscheinung des, wie Sie am Ende sagen, hervorragendsten deutschen Erzählers dieses Jahrhunderts und ihrer Wirkung besonders deutlich hervortreten läßt.

Dr. Mayer (Düsseldorf) hat das Buch Ida Herz zum Geburtstag geschenkt. Ich glaube, sie wird sich heute nicht mehr so stark am »Belastenden« stoßen. Sie wollte Ihnen schreiben. Aber diese Absicht hat sie, wie ich vermute, nicht ausführen können, weil sie leider erkrankt ist und seit Wochen im Krankenhaus, wo man offenbar noch nicht mit den Untersuchungen fertig ist, eine Bronchitis, die sie schon im Oktober, als ich da war, plagte. Ich erhalte Nachricht durch ihre hier lebende Nichte.

Ich freue mich, bald einmal wieder von Ihnen zu hören und

wünsche Ihnen zum begonnenen neuen Jahr und Jahrzehnt eine glückliche Fortsetzung Ihrer Laufbahn, sei es in Amerika oder anderswo.

Herzliche Grüße

Ihre

Käte Hamburger

* *Vor allem in der Th. M.-Vorlesung, die ich auf Wunsch im SS halten muß, werde ich darauf hinweisen u. sie benutzen.*

Stuttgart, 31. 5. 70 an KS

Lieber Herr Schröter,

es ist leider so, daß die Monate uns so schnell vergehen wie die Wochen, auch wenn keine einförmige Zauberberg-Zeit herrscht, sondern sie im Gegenteil durch vielerlei Beschäftigung, Inanspruchnahme usw. erfüllt ist. So habe ich Ihnen noch gar nicht für Ihren interessanten Brief vom Januar gedankt, will nun aber die Sendung* eines neuen kleinen Sonderdrucks über Rilkes »Verlorenen Sohn« (aus der versteckten Ecke einer theologischen Festschrift) auch mit ein paar Zeilen begleiten bzw. ankündigen. Ich vermute Sie noch in New York, wo das Semester wohl nun zu Ende ist und die Ferien beginnen, und hoffentlich zufrieden mit Ihrer Lehrtätigkeit und Ihren Studenten.

Ich habe mich sehr über Ihr Eingehen auf meine »Doktor Faustus«-Kritik gefreut und die Gedanken, die Sie daran knüpfen. Ja, Sie haben recht und es erscheint mir fruchtbar, diese Kritik – an einem bedeutenden Werk, dessen Bedeutung dadurch nicht beeinträchtigt ist – weiterzuführen zu der Frage, ob und warum heute eine Faustsymbolik nur noch einen verengten Gehalt haben kann und eben deshalb das »Faustische« nicht mehr darstellt. Im Grunde hat Paul Valéry schon die Antwort darauf gegeben, indem er »seinen« Faust zu Mephisto sagen läßt: »Du mußt doch selber zugeben, daß du dir wie einer, der sich verlaufen hat, vorkommst inmitten all dieser neuen Leute, die sündigen ohne es zu wissen, ohne etwas dabei zu finden, die keine Vorstellung von der Ewigkeit haben, die ihr Leben tagtäglich zehnmal aufs Spiel setzen, um sich an ihren neuen Maschinen zu ergötzen, und die tausend Zauberstücke vollführen, die deine Magie sich niemals träumen ließ, die aber heute jedes Kind zuwege bringt. . .« Der Valéry'sche Faust ist ein moderner Professor.

Prof. Sokel antwortete mir seinerzeit sehr positiv über Sie, kennt und schätzt Ihre Arbeiten. Aber ob es zu einer Einladung kommt, weiß ich nicht.

Haben Sie schon Prof. Kahn kennen gelernt. Auch ihm habe ich Sie sehr ans Herz gelegt, als ich Kahns Weihnachten in Hannover besuchte (was ich übrigens wohl schon schrieb?).

Für heute herzliche Grüße und alle guten Wünsche!

Ihre

Käte Hamburger

* *mit gewöhnlicher Post*

Hamburg, 2. 9. 70 an KH

Sehr verehrte, liebe Frau Professor Hamburger,

von Herrn Müller-Vollmer hörte ich zuletzt über Ihre Reise nach Bornholm und ich bedauerte sehr, daß ich vielleicht ein Treffen mit Ihnen in Hamburg versäumt haben könnte. Eine Entschädigung dafür waren mir Ihr Brief vom 31. 5. und Ihre Arbeit über Rilkes Verlorenen Sohn, die mir beide über New York hierher nachgesandt wurden und für die ich Ihnen sehr herzlich danke. Ich kenne die Rilke-Literatur nicht, und so hat es mich ungemein interessiert, wie Sie aus Rilkes Bearbeitung der Biblischen Legende seine Gottesidee als die eines »Seinsgottes« spinozistischer Prägung herauslösen. In Döblins Denken bildet sich in jenen Jahren 1902–1915 eine durchaus vergleichbare Vorstellung heraus, zu deren spezifischer Erfassung mir Ihre Unterscheidung einer »passiv gläubigen« von einer »aktiv erkennenden Haltung« außerordentlich fruchtbar erscheint. Ich bin sicher, daß sich die »Problematik der ontischen Gottesidee«, von der Sie sprechen, als verborgenes Hauptproblem in manchen Werken jener Epoche nachweisen ließe. – Ganz besonders schön fand ich es auch, wie Sie aus der Untersuchung hinüberleiteten zu einer Reverenz vor dem Jubilar.

Als Dank und Zeichen meiner Anhänglichkeit möchte ich Ihnen mein letztes Produkt hier überreichen. Die erste Arbeit hielt ich z. T. als Vortrag vor der Württembergischen Bibliotheksgesellschaft, eingeführt von Ihnen. Daran habe ich oft und gern und mit dem Gefühl großer Dankbarkeit gedacht.

Das Jahr in New York war anstrengend, aber auch »a success«. Die Columbia Universität will mich zum »full professor« machen, winkt mir mit »tenure«, hat das Gehalt aufgebessert und mir für dies kommende Jahr bereits einen Sitz in der Fakultät gewährt (ein von allen Lehrtätigen eifrigst angestrebtes Ziel, das nur wenige erreichen); außerdem haben sie mich zum Direktor des »Deutschen Hauses« ernannt. Sie verzeihen mir sicher, wenn ich dies erwähne, aber mich selbst beschäftigt es sehr, daß ich nun von einem vor sich hin pusselnden Einzelgänger zum Angehörigen einer »akademischen Gemeinde« avanciere!

Der Sommer hier in Hamburg war mit viel Arbeit ausgefüllt. Hauptsächlich war es eine größere Studie zu Heinrich Manns »Untertan« (ein weltberühmtes Buch, zu dem es bisher so gut wie keine Interpretationen gab), die mich im Juli – der glücklicherweise verregnet war! – beschäftigte. Jetzt bereite ich ein Brecht-Seminar vor. In 14 Tagen bin ich bereits auf der Fähre nach Harwich. Am 18. September startet mein Charterflug von London. Bis Mai bin ich in New York (560 Riverside Drive, Apt. 18 N), und ich bitte Sie nochmals, sich rechtzeitig zu melden, wenn Sie wieder einmal in die Staaten kommen sollten: Wir würden Sie gern zu einem Vortrag bitten!

Herzlichste Grüße Ihres
Ihnen sehr ergebenen

Stuttgart, 25. 10. 70 an KS

Lieber Dr. Schröter,

der heutige Sonntag ist der Abtragung von allerlei aufgelaufenen Brief- und Dankesschulden gewidmet, und Sie sind der erste. Herzlichsten Dank also für Ihren Brief vom 2. 9. und die schöne sehr interessante Gabe aus Ihrer fleißigen und – wenn man so sagen kann – instruktiven Feder. Ich hatte im September gleich nach Erhalt des Buches mit großem Interesse vor allem die ersten drei Aufsätze gelesen, halte noch bei Bronnen und habe noch den »Atem«-Aufsatz übrig. Ich mußte die Lektüre unterbrechen, weil ich Anfang Oktober noch eine Reise machen mußte, nach Graz, eingeladen zu einem vom Österreichischen Rundfunk veranstalteten Literatursymposium – im Rahmen des »Steirischen Herbst«, der auch als Jahreszeit sich von der herrlichsten sommerwarmen Seite zeigte und einen wunderschönen Aufenthalt in dieser bezaubernden Stadt ermöglichte. Ich mußte über »Antigone« sprechen, mir trotz des im Druck vorhandenen Themas aufgetragen; das Rahmenthema war Tradition und Variation, d. h. die variierten Gestalten der Weltliteratur (wieder einmal), Hans Mayer mit Faust, W. Jens mit Odysseus, ausgezeichnet Demetz mit Till Eulenspiegel. Dies aber nebenbei. Heute nun also herzlichen Dank für die überaus anregende Sendung. Den Chauvinismus-Aufsatz erkannte ich natürlich wieder. Mir sehr interessant sind die Aufschlüsse über den Einfluß Carlyles und Treitschkes auf Th. Mann. Aber wie man immer auch, mit Recht, Heinrichs richtigere Einsichten und politisch zweifellos sympathischere Lagerung gegen Thomas ausspielen mag: ein größerer Romancier war nun Thomas eben doch. Als ich kürzlich – nach einem früheren aus Langeweile abgebrochenen Lesen – den Henri Quatre las, und wieder nicht ganz zu Ende, wurde mir das nochmals deutlich. Was für ein langweiliger, monotoner, historischer Roman, sich allenfalls ein wenig stilistisch von Stefan Zweig und Emil Ludwig unterscheidend. Ich hoffe, Sie als Heinrich Mann-Forscher damit nicht zu kränken! – Sehr interessant und aufschlußreich, auch in seiner Kritik, war mir Ihr Döblin-Aufsatz, der mich auch über die Beziehung zu Spinoza belehrte, die aber wohl bei ihm ausgesprochener und bewußter war als bei Rilke.

Nun aber vor allem meine herzlichste Gratulation zu dem was Sie in so kurzer Zeit an der Columbia erreicht haben! Wie reich bestätigt das Ihren Entschluß, nach Amerika zu gehen. Sie werden im vergangenen Jahr nicht wenig geleistet haben, um an einer der bedeutendsten Universitäten der USA so beachtet und gefördert zu werden. Ich denke mir, daß Sie sehr zufrieden sind und, soweit mir bekannt, auch einen besonders angenehmen Kollegenkreis dort haben. Mit Ludwig Kahn sprach ich voriges Jahr, als ich ihn in Hannover besuchte, ja schon von Ihnen.

In Hamburg, will ich noch nachholen, haben Sie mich nicht verfehlt. Ich war auf der Rückreise von Schweden, Gotland diesmal, nicht dort, da ich leider durch den plötzlichen Tod meiner hiesigen Freundin und Hausgenossin schneller zurückkehren mußte. Von

Müller-Vollmer hatte ich s. Zt. garnichts gehört, was mich wunderte. Vielleicht war eine Nachricht verloren gegangen. Ich nehme an, daß Sie nächsten Sommer wieder einen Deutschlandtrip machen. Hoffentlich gibt es dann Gelegenheit, sich zu sehen. In dieser Gegend lockt ja auch Biberach mit Freund Saueressig.

Lassen Sie mal wieder von sich hören und sich weiter alles Gute und Erfolgreiche wünschen.

Herzlichst
Ihre
Käte Hamburger

Columbia University/New York, 17. 5. 71 an KH

Meine sehr verehrte, liebe Frau Professor Hamburger,

in diesen Tagen endet hier das Semester und ich möchte mich doch noch melden und Ihnen für Ihren Brief vom Oktober sehr herzlich danken. Sie haben sich so freundlich über einige meiner Aufsätze in »Literatur und Zeitgeschichte« geäussert. Auch ich finde ja nach wie vor Thomas Mann den grösseren Formkünstler, hoffe aber doch vor Ihnen für Heinrich eine Lanze brechen zu können, wenn ich Ihnen aus Hamburg ein kleines Metzler-Bändchen zuschicken werde, in dem eine längere Untersuchung zur Struktur des »Untertan« steht.

Was ich über die Heinrich Mann-Tagung in Lübeck hörte, klang wenig ermutigend. Ich war eingeladen worden, Columbia aber wollte den Flug nicht bezahlen. Im Rückblick ist es mir ganz recht, dass ich nicht dabei war.

Hier habe ich inzwischen Herrn Saueressig einmal getroffen, was wir durch eine Karte an Sie dokumentiert haben. Herrn Sokels

Vortrag über »Brechts marxistischen Weg zur deutschen Klassik« in unserem Deutschen Haus (siehe auch hier die Karte an Sie) war ausgezeichnet. Und ich habe mich gefreut, ihn auf diese Weise näher kennen gelernt zu haben.

Den Sommer werde ich wieder in Hamburg verbringen (2 Hamburg 63, Josthöhe 96) und mich dort mit Geschichtsromanen der Emigranten und der »Inneren Emigration« beschäftigen. Daraus soll ein Vortrag für den »Third Wisconsin Workshop« im Herbst entstehen.

Werden Sie in diesem Jahr wieder eine Skandinavienreise unternehmen? Ich würde mich so sehr freuen, wenn ich Sie sehen könnte.

Mit allen guten Wünschen bin ich wie stets
herzlichst
Ihr

Hamburg, 20. 6. 71 an KH

Meine liebe, sehr verehrte Frau Professor Hamburger,

hiermit erlaube ich mir, Ihnen das kleine Buch zu senden, das ich zu Heinrich Manns 100. Geburtstag herausbringen konnte. Es würde mich sehr interessieren zu hören, ob Ihnen meine Ansätze zu einer Neuinterpretation des »Untertan« zusagen.

Ich glaube mich zu erinnern, daß Herr Saueressig in Bälde durch Hamburg kommen wird, und dann werde ich sicher über Ihr Ergehen Näheres hören.

Mit herzlichen Grüßen bin ich
Ihr Ihnen sehr ergebener

Stuttgart, 23. 6. 71 an KS

Lieber Herr Dr. Schröter,

vor ein paar Tagen hatte ich schon die Feder angesetzt bzw. den Bogen eingespannt, um Ihnen für Ihren Brief vom 17. Mai und die bereits durch Metzler erfolgte Zusendung Ihres Heinrich Mann-Büchleins sehr herzlich zu danken, als ich nochmals in den Brief sah und bemerkte, daß Sie wieder nach Hamburg reisen wollten, weshalb ich dachte, noch etwas zuzuwarten. Nun aber kam gestern schon Ihre Sendung aus Hamburg, so daß ich mich nun beeile, meine Absicht auszuführen.

Die drei Aufsätze habe ich gleich mit großem Interesse gelesen – und nicht nur das: ich habe auch den »Untertan« wieder vorgenommen – nach unendlich langer Zeit! –, um von Ihrer in der Tat ausgezeichneten, alle Hintergründe und Einflüsse öffnende Analyse auch wirklich etwas zu haben. Ja, Sie bilden sich zum Historiker der Jahrhundertwendenliteratur und weit darüber hinaus immer mehr aus. Ganz besonders interessant ist ja Ihr Aufweis der engen Beziehung nicht nur zu Bourget, sondern auch zu Stendhal. Es ist dieses ganze Bezugssystem, zuzüglich des ja im Roman selbst deutlich genug gezeichneten politisch-sozialkritischen, wodurch Sie ihn in einem neuen Licht des Interesses zeigen und in dem seiner dokumentarischen Bedeutung. Sehr interessant auch der Aufsatz über die Germanisten. Nun ja, ein halbes Jahrhundert später und nach allem was geschehen ist, erscheint der Irrationalismus, die Mythusgläubigkeit bei den deutschen Germanisten im verächtlichen Licht. Kultur und Zivilisation, Geist und Esprit (das war der Titel eines Buches des Romanisten Wechssler damals), der Nietzschetrend etc. – das war damals Mode. Aber vor allzu scharfer Verdammung sollte man sich doch hüten. Rehm, mit dem ich zur Zeit der »Machtübernahme« in München, wo er Dozent war, zusammen war, war ein leidenschaftlicher Antifaschist, und ich habe ihn noch gewarnt, sich nicht zu gefährden. Er hat es dann immer wieder getan, indem er z. B. sich nicht genierte, in seinen Vorlesungen über Thomas Mann zu sprechen, und nach dem Kriege, verbittert gegen die allgemeine Haltung der Germanisten, hielt er sich immer fern. Gewiß, seiner Auffassung von Dichtung entsprach Heinrich Mann nicht, und für die politische Seite der Literatur interessierte er sich nicht. So wenig wie Strich, der Jude war. – Gerade gestern erzählte mir Oskar Seidlin von einem Vortrag Jost Hermands über »präfaschistischen Mythus« von Schlegel bis Ricarda Huch! Diese großartige mutige Frau, die sich in der Hitlerzeit aufs höchste gefährdet hatte – in einem offenen Brief an die Reichsschriftstellerkammer, aus der sie sofort ausgetreten war – hat Hermand auf Grund ihres Buches »Luthers Glaube« und irgendwelcher Konstruktionen faschistischer Tendenzen bezichtigt (und ist furchtbar von Seidlin zurechtgewiesen worden). – Methoden, Kategorien, Strömungen ändern sich.

Gern würde ich mich mal wieder mit Ihnen über diese und andere Dinge unterhalten. Nach Hamburg komme ich diesen Sommer leider nicht. Und unser Saueressig hat wohl in Biberach keine Veranstaltung für Sie geplant, augenblicklich? Für Ihre Karten mit ihm und dann Sokel noch vielen Dank. Ich freue mich immer sehr über solche Grüße.

Lassen Sie einmal wieder von sich hören und berichten über Ihre Arbeiten und Pläne. Der Geschichtsroman der Emigranten ist, glaube ich, eine typische Erscheinung: Entfernung aus der Gegenwart und zugleich Suchen nach historischen Entsprechungen des Zeitgeschehens. Oder liegt es anders?

Herzliche Grüße für heute

Ihre *Käte Hamburger*

Ich sende Ihnen das zweite Exemplar Ihres Buches wieder; Sie werden es für jemand anders brauchen können, da man ja immer knapp mit seinen Exemplaren ist.

Germanistic Society of America/New York, 20. 12. 71 an KH

Sehr verehrte, liebe Frau Professor Hamburger,

es war mir ein grosser Schock, als Ludwig Kahn mir kürzlich die Festschrift zu Ihrem Jubiläum zeigte, und ich bedauerte ausserordentlich, nichts davon vorher gehört zu haben und also nicht einmal auf der tabula gratulatoria vor Ihnen erschienen zu sein. Darf ich Ihnen noch jetzt meine herzlichsten Glückwünsche zu Ihrem Geburtstag sagen und Ihnen für die Zukunft nichts weiter wünschen, als dass Ihnen Ihre Gesundheit, Energie und Schaffenskraft erhalten bleibe (und dass Sie im nächsten Sommer durch Hamburg kommen mögen!).

Nun habe ich eine Bitte: Das Versäumnis, nicht unter Ihren Gratulanten gewesen zu sein, schmerzt mich wirklich. Ich bin nicht sehr vielen Gelehrten begegnet, deren Werk mich so gefördert hat, wie das Ihre, und deren persönliches Wohlwollen darüber hinaus mich zu Anhänglichkeit und Dankbarkeit anhält, wie ich sie Ihnen gegenüber empfinde. Ich möchte dieser Verbundenheit sehr gern öffentlich Ausdruck geben und daher bei Ihnen anfragen, ob ich Ihnen eine nächste, 1972 erscheinende Arbeit widmen darf? Es handelt sich um eine recht ausführliche Analyse des »Historischen Romans im Exil und in der ›Inneren Emigration‹, 1933–1945«, von der ich Teile auf dem Third Wisconsin Workshop in Madison in diesem Herbst vorgetragen und u. a. auch Hans Mayers Zustimmung gefunden habe. Die Arbeit wird in einem Sammelband zum Thema »Exil, ›Innere Emigration‹«, gedruckt, den Jost Hermand und Reinhold Grimm herausgeben werden und der vom Athenäum Verlag verlegt wird. Es wäre mir sehr lieb, wenn ich Ihre Zustimmung erhielte.

Gerade in diesen Tagen habe ich erneut Ihre kritische »Dr. Faustus«-Analyse herangezogen, in einer Vorlesung über Heinrich und Thomas Mann ausführlich behandelt und bei den Studenten ein besonderes Interesse an Ihrer Arbeit geweckt. Daneben hat mich in diesem Seminar Kafka stark beschäftigt, angezogen und – in seinem Denken, wie es sich besonders in Oktavheften des Jahres 1917 ff zeigt – ziemlich abgestossen. Ich finde mich immer gedrängt, ein »Denken«, das von Empfindungen der Angst und der Schuld ausgeht, in seiner Kompetenz und Relevanz zu bestreiten. Aber die Studenten standen mehr auf seiten Kafkas!

In der Hoffnung, sehr verehrte, liebe Frau Professor Hamburger, bald, wenn auch nur kurz, von Ihnen zu hören, bin ich mit meinen besten Grüssen, wie stets

Ihr Ihnen sehr ergebener

Stuttgart, 29. 12. 71 an KS

Lieber Dr. Schröter,

gerade wollte ich mit einem Neujahrsgruß- und brief meine Schreibschuld Ihnen gegenüber abtragen und Ihren Brief vom September beantworten, als Ihr freundlicher Brief vom 20. Dezember kam, für den ich Ihnen herzlich danke. – Mich freut es, daß auch jetzt immer noch meines 75. Geburtstags gedenkende Briefe und Wünsche zu mir kommen, und sage Ihnen Dank für die Ihren. Der Verlag hatte allerdings die tabula gratulatoria sehr nachlässig behandelt. Aber ich bin, aufrichtig gesagt, garnicht so böse darüber. Denn heutzutage ist diese tabula identisch mit der Werbung des Verlages für die Subskription des Buches, und mir ist der Gedanke garnicht so angenehm, daß die Gratulation der Freunde und Kollegen mit dem Zwang, das Buch zu kaufen, verbunden ist. Die Festschrift selbst ist natürlich eine große

Freude für mich; es ist ja die schönste Ehrung, die man in seinem wissenschaftlichen Leben erfahren kann, und sie ist wertvoll durch sehr gewichtige Beiträge. Ich darf stolz darauf sein. Nur ist sie zu meinem Kummer durch ein entsetzliches Foto von mir – das einmal ohne daß ich wußte zu welchem Zweck von einer Studentin dilettantisch aufgenommen worden war – entstellt, während das »Image«, das Martini in rührender liebevoller Weise von mir gezeichnet hat, wiederum zu hoch gespielt ist, finde ich.

Es ehrt und freut mich sehr, lieber Herr Schröter, daß Sie mir Ihre neue Arbeit über den historischen Roman der Emi- und der Imigration öffentlich widmen wollen, und natürlich gebe ich Ihnen meine Zustimmung. Im Gespräch mit Martini, anläßlich des Henri Quatre, wurde dieser Zusammenhang einmal berührt, erinnere ich mich. Ich bin gespannt darauf, welche Unterschiede Sie für die Romane beider Gruppen, oder welche Beziehungen, Sie aufdecken werden. – Zu den Gedanken über historische Phänomene und ihre literarische Verkörperung, die wir im Sommer anläßlich des »Untertan«, glaube ich, austauschten, will ich Sie auf ein eben erschienenes, höchst interessantes und bedeutsames Buch von Siegfried Melchinger aufmerksam machen, das sich zwar mit dem Theater, dem Drama beschäftigt, aber auch für die erzählende Literatur Gesichtspunkte hergibt: »Geschichte des politischen Theaters«, das bei Äschylos beginnt. (Friedrich Verlag)

Ich habe kürzlich eine mit Schillers Philosophie wieder sehr kritisch verfahrende Arbeit, über seine Lyriktheorie, abgeschlossen, die in einem von Lohner herausgegebenen Sammelband über Lyriktheorien, und dadurch veranlaßt, erscheinen soll, vorher aber wahrscheinlich noch im nächstjährigen Schiller-Jahrbuch. Jetzt brüte ich über dem Plan, meine vorjährige Vorlesung über Dramentheorien von Aristoteles bis Brecht zu einem Buch, hauptsächlich zum Gebrauch der Studenten, auszubauen, schwierig, weil es sich eben um so bekannte Dinge handelt. Doch lockt es mich auch, weil ich auch hier in gewisser Weise begriffskritisch vorgehen will.

Nun wünsche ich Ihnen alles erdenklich Gute zum neuen Jahr und hoffe, daß im Sommer, wenn Sie wieder hier sind, doch mal eine Gelegenheit kommt, sich zu treffen.

Herzliche Grüße
Ihre
Käte Hamburger

New York, 15. 5. 72 an KH

Meine sehr verehrte, liebe Frau Professor Hamburger,

schon längst hatte ich Ihnen schreiben und Ihnen ganz besonders danken wollen für die Erlaubnis, Ihnen meine Arbeit zum historischen Roman der dreissiger und vierziger Jahre widmen zu dürfen. Sie langte rechtzeitig an. Die Sache ist schon im Druck.

In Ihrer Festschrift hatte ich sogleich zu lesen begonnen. Bisher bewundre ich ganz besonders den Aufsatz von Professor Martini. Ich finde ihn vorbildlich für eine philologisch-historische Methode, die von der Analyse der Details zu der geistesgeschichtlichen Einordnung und Neubewertung eines Werkes vordringt. – Aber, wenn ich das sagen darf, auch das Porträtphoto von Ihnen war mir in dem Band eine Freude und wertvolle Zugabe!

Kürzlich war ich zum Abendessen bei dem Psychoanalytiker K. R. Eissler, der sich mit Anteilnahme nach Professor Martini erkundigte. Er hat ihn vor Jahren als Gast hier gehabt und seit längerem nichts mehr von ihm gehört.

Ich hatte hier in diesen Monaten die recht schwere Entscheidung zu treffen, ob ich ein gutes Angebot als Full Professor von der State University of New York at Stony Brook (draussen auf Long Island) annehmen sollte. Nach allerlei Bedenken habe ich es getan. Die Situation der Geisteswissenschaften im allgemeinen ist hier in einem derartigen Niedergang begriffen, dass z. B. Columbia mir nicht mehr die Graduate Studenten garantieren kann, die ich zur Abhaltung meiner Kurse brauche. So droht als Ausweich immer der Sprachunterricht – der mich absolut nicht interessiert. Also, ab Herbst werde ich wieder in Stony Brook sein. (Ich habe auch mit Herrn Kahn darüber gesprochen; er war sehr liebenswürdig und begriff meine Gründe.)

Fast fasse ich das als den ersten Schritt zur Rückkehr nach Deutschland auf. Mich hat das intellektuelle Niveau der Studenden hier nicht beeindruckt, methodisch sehe ich hier viel Abgestandenes, sogar Reaktionäres, manchmal Dilettantisches, die Zukunftsaussichten auf dem Gebiet der Literaturwissenschaft scheinen nicht glänzend – und ich möchte mich nicht stets als fünftes Rad am Wagen fühlen müssen. Dagegen sieht auch die Lage etwa an der Hamburger Universität (zu der ich immer noch gute Beziehungen unterhalte) aus ganz anderen Gründen nicht freundlich aus: das Ueberwiegen der ideologischen Diskussionen über die Sachdiskussionen empfinde ich als störend. Dennoch scheint mir, dass ich einen Weg zurück an eine Deutsche Universität in diesen nächsten Jahren suchen sollte. Ich muss das in diesem Sommer verfolgen. Vom 1. Juni bis 30. August werde ich wieder – mit Reiseunterbrechungen – in Hamburg sein (2 Hamburg 63, Josthöhe 96).

Ich möchte doch sehr versuchen, Sie in diesem Sommer einmal wiederzusehen und ich werde mir erlauben, deswegen aus Hamburg bei Ihnen anzufragen.

Inzwischen bin ich mit herzlichen Grüssen in alter Anhänglichkeit

Ihr Ihnen sehr ergebener

Stuttgart, 13. 6. 72 an KS

Lieber Herr Schröter,

willkommen also wieder in Hamburg und herzlichen Dank für Ihren Brief, der mich mit all seinen Neuigkeiten sehr interessiert und erfreut hat. – Es ist ja an sich schon fast ein Wunder und natürlich auf Sie selbst und Ihre forscherlichen und didaktischen Erfolge zurückzuführen, daß Sie bei dem jetzigen unheilvollen Trend an den amerikanischen Universitäten, die zumal in den Sprach- und Geisteswissenschaften ihren eigenen Nachwuchs nicht mehr aufnehmen können, zwischen zwei Universitäten wählen konnten. Und sicher ist Ihre Entscheidung richtig, die Full Professur an der State University of New York anzunehmen und Columbia zu verlassen. Wahrscheinlich ist auch die erstere in minderem Grad ein Herd der Unruhe als Columbia.

Von Ihnen mündlich über dies alles und Ihre Arbeiten zu hören, würde mich sehr freuen. Und vielleicht ergibt sich Ende Juli dazu eine Gelegenheit. Ich will eventuell mit Martinis nach Kiel, zur Taufe einer kleinen Enkeltochter fahren. Martinis Sohn ist archäologischer Assistent in Kiel. Das könnte ich nun damit verbinden, in meinem lieben Hamburg ein paar Tage zu sein und würde es sehr schön finden, mit Ihnen z. B. bei gutem Wetter an meinem Lieblingsplatz, der Dampferbrücke in Blankenese, zu sitzen und Scholle mit Kartoffelsalat zu essen! Das ist immer mein Ritus, wenn ich nach Hamburg komme. Glauben Sie, daß Sie Ende Juli in Hamburg sein werden, oder haben Sie für diesen Zeitpunkt Reisepläne?

Eine große Freude und Ehre ist es mir, daß Sie mir Ihr Buch über den historischen Roman öffentlich zueignen. Das ist eine Première für mich! Ja, die Festschrift ist wirklich wertvoll, der Aufsatz von Martini der Glanzpunkt, und ich hoffe eben für alle Beiträger, daß das Buch mit seinem geschlossenen Rahmenthema beachtet werden wird, wie es auch schon jetzt aussieht. – Ende dieses Jahres oder Anfang des nächsten wird nun die amerikanische, sehr gute, in enger Zusammenarbeit mit mir gemachte Übersetzung der »Logik« erscheinen, deren Übersetzerin, eine Doktorandin von Mueller-Vollmer, jetzt gerade hier ist und in Marbach arbeitet.

Für heute nur dies. Lassen Sie von sich hören und seien Sie herzlich gegrüßt

von Ihrer
Käte Hamburger

Hamburg, 28. 6. 72 an KH

Meine sehr verehrte, liebe Frau Professor Hamburger,

Ihr Brief vom 13. 6. war mir eine sehr liebe Begrüßung hier in Hamburg. Inzwischen habe ich einen fünftägigen Besuch in Berlin hinter mir, den ich hauptsächlich unternommen habe, um mich mit dem Brecht-Theater wieder à jour zu bringen und Freunde an den Akademien in Ost-Berlin zu sprechen – anstrengend und fruchtbar.

Etwa am 28. Juli werde ich zu einer Segeltour an der Südküste Englands mit Freunden starten. Glauben Sie, daß Sie vor diesem Datum durch Hamburg kommen werden? Der Schollen- und Kartoffelsalat-Plan verlockt mich sehr! Sollten Sie erst ganz am Ende des Juli hier sein, so würde ich alles daransetzen, entweder Anfang Juli oder Mitte August durch Stuttgart zu kommen. Darf ich dazu noch um eine kurze Antwort von Ihnen bitten?

Die Arbeit zum historischen Roman ist lediglich eine Untersuchung von ca. 50 Seiten Länge – kein Buch; sie wird in einem Sammelband erscheinen, der die Beiträge des Third Wisconsin

Workshop (Oktober 1971) enthält, auf dem auch Prof. Mayer gesprochen hat.

Zum Erscheinen Ihrer »Logik« in Amerika erlaube ich mir die herzlichsten Glückwünsche. – In der Hoffnung, Sie bald zu sehen,

bin ich wie stets Ihr

Stuttgart, 30. 6. 72 an KS

Lieber Herr Schröter,

soeben erhalte ich Ihren Brief, wollte Ihnen aber gerade dieser Tage selbst mitteilen, daß aus der Reise nach Kiel nun doch nichts wird und ich also auch leider nicht nach Hamburg komme, sondern hübsch daheim bleibe. Wenn Sie aber Gelegenheit haben, nach Stuttgart zu kommen, wäre es ja eine schöne Lösung und ich würde mich sehr freuen.

Anfang Juli – das wäre ja nun schon die kommende Woche, in der ich am 3. noch eine Vorlesung zu halten habe (auch noch am 10.), und am 6. zu einer Antrittsvorlesung gehen muß, beides abends. Das Wochenende ab 7. wäre frei – aber reicht das noch zu einer Verabredung? Ihre Telefonnummer ist auf Ihrem Brief nicht angegeben, sonst würde ich anrufen. Mitte August würde mir, so weit ich es bisher übersehen kann, auch passen. Eine eventuelle kleine Autoreise könnte ich mit einem Termin für Sie dann abstimmen. Wie paßt es Ihnen besser? Direkt von der Segeltour werden Sie ja nicht kommen können, da man in Stuttgart nicht landen kann! Also lassen Sie mich wissen, wie Sie disponieren wollen.

Herzliche Grüße

Ihre

Käte Hamburger

Hamburg, 27. 8. 72 an KH

Sehr verehrte, liebe Frau Professor Hamburger,

die vielen, kleinen Nebendinge, die ich immer im Sommer hier zu erledigen habe (Zahnarzt, Steuerberater etc.) haben mich nun von der Reise nach Stuttgart–München abgehalten, und in dieser letzten Woche bin ich gezwungen, als meine eigene »Telefonzentrale« zuhause zu sitzen, um die Vermietung meiner Wohnung für die kommenden neun Monate zu organisieren! So ist auch in diesem Jahr aus dem Besuch bei Ihnen nichts geworden. Ich bedaure das sehr und bitte nur um Ihr Verständnis. – Ich hätte Ihnen gern über die Situation an den amerikanischen Universitäten mehr berichtet. Sie ist im ganzen für Geisteswissenschaftler besonders niederschlagend und bestärkt mich in der Absicht, nach Deutschland zurückzukehren. Hier in Hamburg habe ich daher in diesem Sommer die Kontakte zur Universität recht sehr intensiviert, auch an einigen Seminaren teilgenommen und mit großer Freude festgestellt, daß das allgemeine Methodenbewußtsein der Studenten und ihre Bemühung um begriffliche Schärfe jede Arbeit hier zu einer wirklichen »challenge« machen. – Übermorgen geht es wieder zurück, und ich sehe ein Jahr ziemlicher geistiger Isolation vor mir. Meine Adresse ab 1. 9. ist:

60 Brook Drive, c/o. Bubbers
STONY BROOK, N. Y. 11790 USA.

Ein Gästezimmer in meinem kleinen Haus, 1–1/2 Eisenbahnstunden von New York City entfernt, steht Ihnen immer zur Verfügung! Ich würde mich sehr freuen, wenn ich wieder einmal von Ihnen hörte und werde auch nicht versäumen, Sie über die Entwicklung der Dinge bei mir ab und zu zu unterrichten.

Mit allen guten Wünschen bin ich, wie stets,

Ihr

Stuttgart, 19. 11. 72 an KS

Lieber Dr. Schröter,

für Ihren letzten Brief von Ende August noch etwas verspätet herzlichen Dank. Leider bestätigte er nur die damals schon eingetretene Tatsache der Aufgabe des Stuttgartbesuches. Aber die Zeit geht schnell, und da Sie jeden Sommer kommen, wollen wir hoffen, daß im nächsten mal wieder ein Treffen zustandekommt.

Am Ende wird es auch eine endgültige Rückkehr? Sie sprechen von solchen Absichten, die ja jetzt viele teilen, nachdem sich die amerikanischen Universitätsverhältnisse, besonders in den Geisteswissenschaften, so ungünstig verändert haben. Es wäre ja sehr schön, wenn sich die Aussichten, die Sie in Hamburg zweifellos haben, realisieren würden – schon deshalb, damit ich mit Ihnen in Blankenese an der Landungsbrücke sitzen kann! Also tun Sie alles was Sie können. – Doch hoffe ich, daß Sie sich bis dahin auch auf dem neuen Wirkungsfeld in Stony Brook wohl fühlen und die geistige Isolation, die Sie befürchteten, doch nicht so groß ist. Es kommt ja immer auf die Menschen an, die man vorfindet, Kollegen und Studenten. Und wenn New York gewiß mehr Anregungen, aber auch Ablenkungen bietet, so ist vielleicht die Ruhe an einem kleinen Ort auch wohltuend und arbeitsgünstig. Haben Sie wieder etwas Interessantes unter der Feder?

Von mir erhalten Sie zu ihrer Zeit Sonderdrucke von vier Aufsätzen, die im Laufe des kommenden Jahres, wohl erst gegen Mitte oder Ende, in Festschriften und Sammelbänden erscheinen. Aber damit ist augenblicklich meine Produktion erschöpft, die Produktivität müßte sich erst an etwaigen neuen Themen entzünden, aber da mangelt es.

Kürzlich war auch Freund Saueressig mal wieder bei mir und es wurde natürlich Ihrer gedacht. Er kommt öfter nach Amerika als nach Stuttgart.

Ich freue mich immer, von Ihnen zu hören und bin nun gespannt zu erfahren, wie es Ihnen in den neuen Verhältnissen ergeht.

Herzliche Grüße und gute Wünsche, die sich schon auf 1973 beziehen können.

Ihre
Käte Hamburger

Stony Brook/New York, 12. 2. 73 an KH

Meine sehr verehrte, liebe Frau Professor Hamburger,

schon längst hatte ich Ihnen auf Ihren Brief vom November antworten wollen, in dem Sie so freundlich Verständnis dafür zeigen, daß aus meinem Besuch nichts mehr geworden war. Ich hatte dann buchstäblich »von Stunde zu Stunde« darauf gewartet, daß mir Exemplare des »Exil«-Bandes, der den Ihnen gewidmeten Aufsatz über den Historischen Roman enthält, zukommen würden. Heute nun traf ein erstes Exemplar auf mein erneutes Drängen ein, und ich beeile mich, es Ihnen vorzulegen.

Da ich eben meinen Aufsatz noch einmal gelesen habe, kamen mir Bedenken, ob Sie wohl gegen einige polemische Äußerungen, die eingeflossen sind, starken Einspruch erheben würden: Dazu möchte ich sagen, daß mich die Durcharbeitung der Materie zu meiner eigenen Überraschung mit der durchgehenden, vorherrschenden Irrationalität in der Konzeption der meisten Autoren konfrontierte; und diese Überraschung hat sich an manchen Stellen unmittelbar in polemischen Hieben geäußert. Den grundsätzlichen Anlaß jedoch, den diese Arbeit bot: die Irrationalität der Grundkonzeption von der Geschichte herauszustellen, hoffe ich, Schritt für Schritt aus den

Texten selbst evident gemacht zu haben. – Ich hatte keinerlei Gelegenheit, Korrektur zu lesen; daher muß ich um Ihre Nachsicht für einige Unebenheiten geringeren Maßes im Druck bitten. Vor allem aber: Nicht ich, sondern irgend jemand während des Druckvorganges hat die Widmungszeile für Sie, die im Manuskript natürlich direkt unter dem Titel steht, unten auf die Seite gesetzt. – Mit einem Wort: Ich hoffe nur sehr, daß Sie meinen Beitrag zu Ihrem Jubiläum gern annehmen mögen. Ich jedenfalls liefere ihn in alter, herzlicher Verehrung für Sie ab.

Es ist in diesem Jahr zehn Jahre her, daß Sie eines Tages durch Freund Burkhard in das Zimmer unserer Goethe-Bibliographie im Hamburger Philosophenturm geführt wurden und auf dem »ollen« Wackelsessel Platz nahmen, den wir aus Pyritz' Erbe dort stehen hatten. Und ich erinnere mich noch so deutlich, wie ich es zuerst gar nicht fassen konnte, daß Sie es waren. Denn Ihr Buch über den »Joseph« kannte ich bestimmt seit bereits zehn Jahren (ich hatte die Erstausgabe in einem Antiquariat aufgetrieben, sie steht noch in Hamburg), und hatte seit dem Aufsatz übers »Epische Präteritum« auf das Erscheinen der »Logik der Dichtung« gewartet. Unter den wissenschaftlichen Arbeiten, die mir überhaupt die Augen dafür öffneten, daß Literatur unter logischen, rationalen Kategorien behandelt werden könnte, stehen die Ihren ganz obenan. Also nahm ich mich damals, bei der ersten Gelegenheit, ganz fürchterlich zusammen und stand dauernd unter der Angst, unlogisch und unvernünftig etwas daherzureden. Wenn ich dann überhaupt ein Wort habe sagen können, dann war das Ihre Freundlichkeit und Güte, die es möglich machten ... Ich habe auch nie vergessen, wie herzlich der Empfang in Ihrer Wohnung war, und daß es dort von Ihnen selbst gemachte Häppchen gab! Für alles das – was in einem Artikel nicht unterzubringen ist – danke ich Ihnen sehr.

Damit bin ich schon bei einem nächsten Punkt: Ich werde schon am 18. Mai hier abfliegen. Und da meine Wohnung in Hamburg erst ab 1. Juni für mich frei ist, werde ich vorher in Köln und München ein paar Besuche machen. Es würde mich sehr freuen, wenn es Ihnen möglich ist, mich Ende Mai zu einem von Ihnen zu bestimmenden Zeitpunkt zu sehen. Ich würde auch bei Metzler, Stuttgart, gern einen Besuch machen.

Sehr lieb ist mir die Aussicht auf einige Aufsätze von Ihnen, die Sie für dieses Jahr ankündigen. Vielleicht kann ich sie ja in Stuttgart abholen. Daß Ihre »Produktivität« in irgend einem Sinne »erschöpft« sei, kann ich nicht glauben. Sie werden diesen Satz in einem Augenblick der Müdigkeit nach einer größeren Arbeit geschrieben haben.

Hier in Stony Brook fühle ich mich wohler als erwartet. Es ist, wie Sie sagen: Mehr Konzentration nach dem Leben in New York, das manchmal ein bißchen wie Zirkus war. Auch hier übrigens kann ich, sollten Sie doch wieder einmal herüberkommen, jederzeit einen Vortrag für Sie arrangieren – und ein ruhiges Gästezimmer in meinem kleinen Haus (in »idyllischer Lage«) stünde Ihnen jederzeit sehr gern zur Verfügung.

Verzeihen Sie die Länge des Briefes. Aber ich habe – verspätet – Ihr Jubiläum begangen; und da war doch einiges auszudrücken.

Mit meinen herzlichsten Grüßen und guten Wünschen bin ich
wie immer Ihr Ihnen sehr ergebener

PS. Einen kleinen Abschnitt aus meinem »Tagebuch New York, N. Y.«, das ich 1971/72 geführt habe, lege ich hier auch bei.

Stuttgart, 26. 2. 73 an KS

Lieber Dr. Schröter,

lassen Sie mich Ihnen sagen, wie sehr erfreut und gerührt mich Ihr Geschenk und Ihr Brief haben, und Ihnen für beides aufs herzlichste danken! Welch ein freundlicher Gedanke von Ihnen, mir Ihren vorzüglichen Beitrag zum Exil-Bande noch zu meinem 75. zu widmen! Ehe ich meinen Dank schrieb, wollte ich den Aufsatz gelesen haben, weshalb dieser Brief sich ein paar Tage verzögerte. Und danken muß ich Ihnen auch dafür, daß Sie mir den ganzen Band geschenkt haben, so daß ich Ihren Aufsatz in dem ganzen Horizont des Themas, auch vergleichend, lesen konnte. Er unterscheidet sich bis auf den Aufsatz von Bathrick von den anderen Beiträgen dadurch, daß er nicht die direkte Situation und Problemlage der nazizeitlichen Schriftsteller zum Gegenstand hat, sondern durch die Thematik des historischen Romans den weiteren Horizont eines literarischen Phänomens überhaupt zeichnet, in das natürlich die – mehr oder weniger nationale und auch irrationale – Geschichtsauffassung der Autoren und deren indirekte Beziehung zu den deutschen Ereignissen eingeht. Bewundernswert ist die große Anzahl der Romane, die Sie zu diesem Zweck durchgearbeitet haben (und von denen ich nur z. T. überhaupt etwas wußte), so daß schon die Darbietung dieses Materials an sich für die Erforschung dieser Epoche wichtig ist.

Wenn Sie Ende Mai nach Stuttgart kommen, worauf ich mich sehr freue, können wir vielleicht über Ihre Kategorien der Perspektivenlosigkeit für die konservativ irrationalen und der Perspektive für die »fortschrittlichen« Aspekte sprechen. Ob z. B. der, wie Sie sagen, einzigartige Rang von Heinrich Manns Henri Quatre gerade in der »in die Zukunft weisenden Vordeutung auf den revolutionären Weg . . .« begründet ist. Jedenfalls, scheint mir, ist das im Rahmen des Aufsatzes zu kurz nur angedeutet und bedürfte weiterer Ausführung.

Ich freue mich also auf ein Wiedersehen und ausführliches Gespräch und danke Ihnen nochmals ganz herzlich.

Dies tue ich nun nicht zuletzt auch für Ihren reizenden Brief mit den Erinnerungen an meinen Besuch in der Goethe-Bibliographie. Aber war das nicht schon in den 50er Jahren oder wirklich erst 1963, als ich schon seit 7 Jahren in Stuttgart war? Nun haben Sie auch nochmal meine – eigentlich von der Forschungsarbeit der jüngeren und jungen Generation schon überholte – Josephschrift so freundlich zitiert. Sie werden übrigens in Bezug auf Thomas Manns Konservatismus Bestätigung in dem Buch von Winfried Hellmann ›Das Geschichtsdenken des frühen Thomas Mann« (Niemeyer 1972) finden, der eine genaue Analyse der Essays macht. Er geht natürlich auf Ihren Aufsatz »Eideshelfer« in »Literatur und Zeitgeschichte« ein. Aber wahrscheinlich ist Ihnen das Buch schon zu Gesicht gekommen. Ich freue mich, daß Sie sich in Stony Brook so wohl fühlen. Liegt es in der Gegend von Scarsdale, wo Kahns wohnen? Außerhalb New Yorks ist es auf alle Fälle schöner als drinnen, und ins Theater etc. kann man wohl leicht mit dem car kommen. Sind Gedanken an eine Niederlassung in Hamburg an der Universität ganz auf Eis gelegt? Nun, Sie werden mir bald von allem berichten.

Für heute viele herzliche Grüße und nochmals Dank
Ihre
Käte Hamburger

Aber nun vergaß ich fast den reizenden »Lunch«-Aufsatz aus Ihrem »Tagebuch«. Noch ein Nebenzweig oder Produkt Ihres Schriftstellertalents, Verwandtschaft mit Max Frischs Tagebüchern. Von dieser offenbar näheren Bekanntschaft müssen Sie mir auch erzählen.

Stuttgart, 8. 5. 73 an KS

Lieber Herr Schröter,

lassen Sie mich heute nur aufs herzlichste für Ihren neuen Sonderdruck über den Schriftsteller danken, den ich nicht zuletzt deshalb mit großem Interesse – und Bewunderung für Ihr Wissen auch auf diesem Gebiet (zu dem aber doch auch wieder in konsequenter Geschlossenheit eine Linie von Heinrich Mann zurückführt) – gelesen habe, weil ich einen Aufsatz von ähnlicher Thematik, oder sozusagen entgegengesetzter, nämlich über das Wort Dichtung und seine Entstehung geschrieben habe. Der Sammelband, in dem er erscheint, von H. Rüdiger herausgegeben, sollte längst da sein. Jedenfalls bekommen Sie (hoffentlich) den Sonderdruck, wenn Sie mich nun bald in Stuttgart besuchen werden. Dieser Brief wird Sie wohl noch in Stony Brook erreichen. Am 18. Mai, schrieben Sie, wollen Sie abfliegen. Können Sie sich melden, bevor Sie nach Stuttgart kommen, damit auch alles klappt?

Dies nur in Eile und zum Zweck guter Reisewünsche
Auf Wiedersehen!
Ihre
Käte Hamburger

Stuttgart, 9. 5. 73 an KS
[Postkarte]

Lieber Dr. Schröter,

wie sieht's in unserem Hamburg aus? – Ich muß allmählich meine Reise – mit Hohl-Flugzeug-Bestellungen – disponieren. Gern würde ich unseren Plan verwirklichen, mit Ihnen nach Blankenese oder gar nach Lübeck zu fahren, falls Sie Anfang August da sind. Ich will ci. am 8. August in Kopenhagen sein und würde denn vielleicht am 5. 8. abends in Hamburg eintreffen, dann wie immer im Basler Hospiz absteigen. Sind Sie also schon im Klaren über Ihre Disposition und können mir Bescheid geben? –

Herzliche Grüße Ihre
Käte Hamburger

Stuttgart, 18. 7. 73 an KS
[Postkarte]

Lieber Herr Dr. Schröter,

sind Sie gut erholt von Ihrem schönen österreichischen Gebirgsaufenthalt zurück? – Nun komme ich am Sonntag d. 5. 8. und bleibe bis zum 7., habe für die zwei Nächte wie immer im Basler Hospiz, Esplanade, reserviert. Ich komme mit dem direkten Zug – über Würzburg –, der 17.16 in Hamburg-Altona ist, am Hauptbahnhof bzw. Dammtor (wenn er da noch wie früher hält) wohl etwas früher. Werden Sie also da sein, um mit mir an der Landungsbrücke in Blankenese Scholle mit Kartoffelsalat zu essen – Sie wissen mein Heimatsymbol? – Sollten Sie es möglich machen können, mich am Bahnhof abzuholen (und dann zusammen zu Abend essen), wäre es furchtbar nett. In diesem Falle müßten wir vereinbaren, wo ich aussteige. Lassen Sie mich wissen, ob dies in Ihre Dispositionen passt.

Auf Wiedersehen u. herzlichen
Gruß

Ihre
Käte Hamburger

Hamburg, 23. 7. 73 an KH

Meine sehr verehrte, liebe Frau Professor Hamburger,

Ihre Karte, die ich nach meiner Rückkehr aus Kärnten hier vorfand, machte mir zu meiner Beschämung klar, daß ich Ihnen nicht brieflich für den reizenden Empfang bei Ihnen gedankt und meine Anwesenheit in Hamburg für den Anfang August bestätigt hatte. Ich hatte beides in Gedanken so oft getan (und auch das Schicksal gepriesen, das Ihnen Oskar Seidlin für den Spargel am Abend ins Haus schickte!), daß ich es dann wirklich versäumt habe. Inzwischen werden Sie aber meinen Gruß aus Kärnten erhalten haben.

Zu Ihrer jüngsten Karte dies: Ihr Zug hält um 17.08 h auf dem Dammtor-Bahnhof, wo ich Sie am 5. 8. also sehr gern oben auf dem Bahnsteig erwarten werde. Am Dammtor steigen immer wenige aus, so daß ich Sie leicht sehen werde. Der Weg zum Hospiz ist dann ja bequem. Und da dort, meines Wissens, sonntags ein gutes kaltes Buffet gegeben wird, würde ich – auch mit Rücksicht auf Ihre Ermüdung nach der Reise – zunächst vorschlagen, daß wir im Hospiz zu Abend essen und am nächsten Tag (nach Ihrem Belieben) mittags oder abends ein Schollenessen machen!

Ich freue mich aufs Wiedersehen.

Gute Reise, herzlich Ihr

KH an KS/29. 7. 73

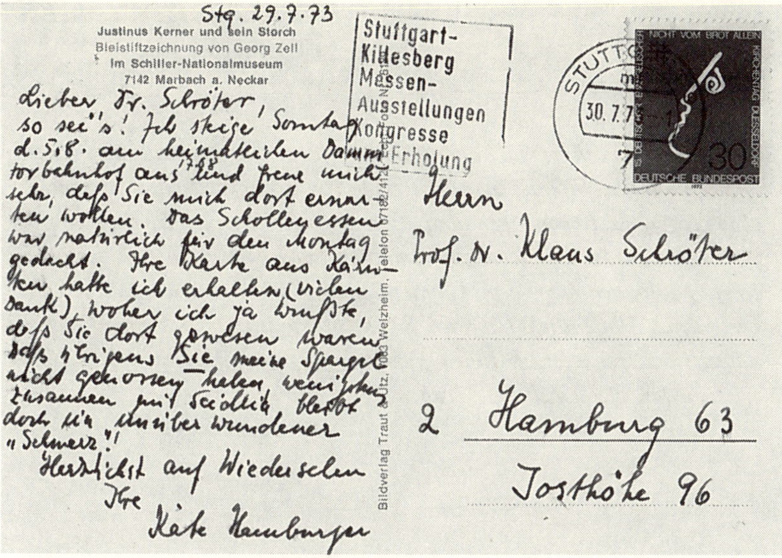

Stg. 29.7.73

Justinus Kerner und sein Storch
Bleistiftzeichnung von Georg Zell
im Schiller-Nationalmuseum
7142 Marbach a. Neckar

Stuttgart-Killesberg Messen-Ausstellungen Kongresse Erholung

NICHT VOM BROT ALLEIN
DEUTSCHE BUNDESPOST 30

Lieber Dr. Schröter,
so sei's! Ich steige Sonntag d. 5.8. am heimatlichen Dammtorbahnhof aus 17.08 und freue mich sehr, daß Sie mich dort erwarten wollen. Das Schollenessen war natürlich für den Montag gedacht. Ihre Karte aus Kärnten hatte ich erhalten (vielen Dank), woher ich ja wußte, daß Sie dort gewesen waren. Daß übrigens Sie meine Spargel nicht genossen haben, wenigstens zusammen mit Seidlin, bleibt doch ein unüberwundener „Schmerz"!
Herzlichst auf Wiedersehen
Ihre
Käte Hamburger

Herrn
Prof. Dr. Klaus Schröter
2 Hamburg 63
Josthöhe 96

KH an KS/29. 7. 73

Stuttgart, 29. 7. 73 an KS
[Postkarte]

Lieber Dr. Schröter,

so sei's! Ich steige Sonntag, d. 5. 8. am heimatlichen Dammtorbahnhof aus 17.08 und freue mich sehr, daß Sie mich dort erwarten wollen. Das Schollenessen war natürlich für den Montag gedacht. Ihre Karte aus Kärnten hatte ich erhalten (vielen Dank), woher ich ja wußte, daß Sie dort gewesen waren. Daß übrigens <u>*Sie*</u> *meine Spargel nicht genossen haben, wenigstens zusammen mit Seidlin, bleibt doch ein unüberwundener »Schmerz«!*

Herzlichst auf Wiedersehen
Ihre
Käte Hamburger

Göteborg, 11. 8. 73 an KS
[Postkarte]

Lieber Dr. Schröter,

lassen Sie sich noch einmal danken für den schönen Tag, den Sie mir bereitet haben, und alle Hilfe. Es war der Beginn von bisher weiteren wetterherrlichen Tagen in Kopenhagen und hier, wo ich vergnügt in dem mir so vertrauten schönen Göteborg herumlaufe, auch einen richtigen schwedischen på landet (auf dem Lande)-Sonntag mit Freunden u. Kollegen verbrachte. Hoffentlich habe ich Sie nicht zu sehr in der Freud-Arbeit aufgehalten, für die ich Ihnen nun wie für gute Rückreise alles Gute wünsche mit viel herzlichen Grüßen *Ihre*
Käte Hamburger

Badenweiler/Sanatorium Sonneneck, 14. 10. 73 an KS

Lieber Dr. Schröter

daß ich noch nichts von mir hören ließ, Ihnen noch nicht für das Realismus-Buch von Claus Träger dankte, das ich bei meiner Rückkehr von Schweden vorfand (ohne Rechnung u. somit als ein – eigentlich verbotenes – Geschenk von Ihnen!), hatte seinen Grund, der in der obigen Adresse erscheint. Ich mußte eine Woche nach m. Rückkehr operiert werden, war 4 Wochen im Krankenhaus und fuhr unmittelbar darauf zur Nachkur hierher nach dem schönen Badenweiler, wo ich seit 2 Wochen die Landschaft, die herrlichen Wälder in der herbstlichen Farbenpracht, eine reine Luft genieße. Es geht mir sehr gut und ich bin ganz unbehindert. Bis 29. Oktober bleibe ich noch hier.

Auch im Krankenhaus konnte ich bald außer Bett sein und hatte Zeit zum Lesen. Ich beschäftigte mich sogleich mit dem Träger, und – wie Sie sich denken können – meist zu meinem Missfallen. Jetzt habe ich es nicht hier und die Titel der einzelnen Abhandlungen nicht im Kopf. Aber das ist alles so orthodox unselbständig und, schlicht gesagt, dumm, aus Schlagworten lebend, Marx-Engels-Äußerungen (wie stets in der marxistischen Literaturwissenschaft) als Beweise für die Behauptungen zitierend, und begrifflich verworren. Das Buch ist von meinen Randbemerkungen voll, die ich vielleicht später mal verwerten werde.

Ich hatte nicht mehr Zeit, Ihnen mein Gegengeschenk zu schicken, den gerade erschienenen Band bei Kohlhammer »Literatur u. Dichtung«, in dem mein Aufsatz »Das Wort Dichtung« steht. Sie erhalten es bzw. ich schicke es im November. Habe ich Ihnen schon den Sonderdruck über Ibsen (Festschrift Storz) geschickt? Wohl kaum.

Inzwischen sind in Nahost wieder die schweren politischen u. militärischen Wolken aufgezogen, und man ist von Angst u. Sorge erfüllt, um Israels Schicksal wie um die mögliche Entwicklung zum Konflikt der Supermächte und das weiterhin Nichtausdenkbare. – Wie geht es Ihnen? Haben Sie Rückkehrmöglichkeiten weiter erwogen? Finden Sie während des Universitätsbetriebes Zeit für Ihre große Freud-Arbeit?

Seien Sie herzlichst gegrüßt
von Ihrer
Käte Hamburger

Stony Brook/New York, 12. 12. 73 an KH

Meine sehr verehrte, liebe Frau Professor Hamburger,

Ihr Brief vom Oktober hat unmittelbar einen Schrecken und Erleichterung ausgelöst. Wie hätte ich denken können, daß Ihnen eine Operation bevorstehen würde, als Sie »unsere« Tage in Hamburg mit so bewunderungswürdiger Frische und Energie durchgestanden hatten. Meine Bewunderung hält an, wenn ich von Ihnen fast nur über die rasche Rekonvaleszenz, die sogleich weitergeführte Lektüre und die Freude, die Sie am Schwarzwald hatten, höre. Ich freute mich, daß Ihnen Trägers Realismus-Band zur Hand war (daß ich ihn ohne Rechnung abschickte, war als eine kleine Anzahlung auf Ihre Neuausgabe der »Logik der Dichtung« gedacht). Meine besten Wünsche für Ihr weiteres Wohlergehen kann ich nun schon mit denen für ein gutes Neues Jahr verbinden!

Es war mir nicht lieb, daß ich so lange geschwiegen habe. Aber die Vorlesung »Entwicklung der dialektisch-materialistischen Literaturtheorie« hat mich doch sehr in Atem gehalten. Ich hatte ja den Sommer zu ihrer Ausarbeitung vorgesehen. Aber der war dann mit der Freud-Arbeit ausgefüllt. So mußte ich alle Vorbereitungen im Semester nebenher erledigen, und das war nicht leicht. Die Freud-Arbeit hat den unglücklichen Umfang von 70 Seiten gewonnen – für einen Artikel zu lang, für ein Buch zu kurz. Immerhin zeigen einige Verlage Interesse. Und im Spätherbst hatte ich die große Freude, daß mir Anna Freud über sie geschrieben hat. Ich lege dies Dokument hier bei. Ich denke, noch im Frühjahr und Sommer an der Sache weiter zu arbeiten und ihre Substanz zu vertiefen.

Da Sie nach meinem Deutschlandplan fragen: Kaum hatte ich hier angefangen, kam von K. L. Schneider die Einladung zu einer Gastprofessur für diesen Winter in Hamburg. Ich mußte natürlich, leider, absagen. Aber es freute mich doch, daß die Dinge offenbar in Fluß geraten. In den nächsten Wochen werde ich eine Vita und eine Liste meiner Veröffentlichungen zusammenstellen; darf ich mir dann erlauben, Ihnen Exemplare davon zuzuschicken? Ich halte jedenfalls an dem Plan der Rückkehr fest.

Zu Träger und der marxistischen Realismus-Theorie möchte ich noch sagen: daß sie mir immer dann zweifelhaft wird, wenn sie sich ins Gebiet des normativen ästhetischen Urteils oder gar in das des gesetzgebenden ästhetischen Postulats begibt. Der historischen Analyse und Kritik auf der Basis dieser Theorie bin ich sonst ganz willens zu folgen. Dasselbe scheint mir auch für Lukács zu gelten. Dieser – so wollte mir vorkommen – hätte in seinem Spätwerk »Die Eigenart des Ästhetischen« besser getan, Ihre »Logik« zu verarbeiten als einige Ergebnisse der französischen linguistischen Strukturalisten (was er ohne Namensnennung tut).

Ich würde mich sehr freuen, wenn Sie mir Ihre Arbeit »Das Wort Dichtung« und auch den Sonderdruck über Ibsen – die ich beide nicht habe und die Sie in Ihrem letzten Brief erwähnen – zuschickten. Vielleicht freut Sie der Text zu der amerikanischen Ausgabe Ihrer »Logik«, den ich im Herbstkatalog der Indiana University Press fand.

Ludwig Kahn leitet jetzt das Deutsche Haus der Columbia University und wir unterhalten einen mir wertvollen Kontakt. Daß wir in Treuen stets Ihrer gedenken, muß ich nicht sagen!

Erhalten Sie mir bitte auch im kommenden Jahr Ihr Wohlwollen und nehmen Sie sehr herzliche Grüße

Ihres alten

Stuttgart, 28. 12. 73 an KS

Lieber Herr Schröter,

herzlichen Dank für Ihren Brief vom 12. Dezember, den ich noch vor Jahresende beantworte, um Ihnen rechtzeitig alle meine guten Wünsche für das kommende Jahr zu senden, das unabhängig von allen Wirtschafts- und Ölkrisen sich für Sie zu Ihrer vollen Zufriedenheit gestalten möge, auch was vor allem Ihre Wünsche und Pläne für eine Rückkehr nach hier und eine Professur betrifft. Die Einladung auf eine Gastprofessur in Hamburg ist sicher ein gutes Vorzeichen. Und Hamburg wäre doch das Beste für Sie, schon wegen der schönen Wohnung und dann wegen der guten Beziehungen, die Sie dort seit langem haben.

Die Freud-Arbeit ist also abgeschlossen, und ich wünsche Ihnen baldige Veröffentlichung. Es gibt ja Serien, die kleinere Schriften veröffentlichen, und Sie berichten auch schon von interessierten Verlegern. Sehr reizend der Brief von Anna Freud. Sie muß wohl jetzt eine sehr alte Dame sein – aber vielleicht auch nicht älter als ich? – und war, wenn ich nicht irre, selbst psychoanalytisch tätig. – Sie sind nun, schon durch die Arbeit an Ihrer Vorlesung, sehr vertraut mit der materialistischen Literaturtheorie. Das Spätwerk von Lukács, das Sie erwähnen, »Die Eigenart des Ästhetischen«, ist jetzt unter dem Titel ›Ästhetik‹ in vier Teilen in der Sammlung Luchterhand erschienen, die ich mir vor einiger Zeit gekauft, aber noch nicht studiert habe. Ich glaube aber, nach dem zu urteilen, was ich schon gesehen habe, daß das mit meiner »Logik« nichts zu tun hat.

Unterwegs zu Ihnen, mit Schiffspost, ist 1. die »Logik ...« und 2. der Sammelband »Literatur und Dichtung«, in dem mein Aufsatz »Das Wort Dichtung« steht, und beigefügt der Ibsen-Aufsatz. Die letztere Sendung ist schon im November abgegangen aber wird wohl auch nicht mehr zu Weihnachten angekommen sein. Die »Logik« wird noch später ankommen, aber hoffentlich dann auch noch willkommen sein. – Mir geht es gut. Ich lebe bequem, ja zu bequem vielleicht. In diesem Winter halte ich keine Vorlesung – ich hatte eine Heinevorlesung angekündigt, hätte sie aber überarbeiten müssen, wozu ich durch meine Erkrankung nicht mehr kam. Doch hoffe ich, sie im Sommer halten zu können.

Lassen Sie sich für heute herzlich grüßen

Ihre

Käte Hamburger

Die Titel in der Anrede können wir nun mal weglassen.

Stony Brook/New York, 16. 2. 74 an KH

Meine sehr verehrte, liebe Frau Hamburger,

für alle in Ihrem Brief vom 28. 12. 73 angekündigten Sendungen habe ich Ihnen sehr herzlich zu danken. Zuletzt kam die »Logik der Dichtung« Anfang Februar hier an. Ihre Aufsätze zu Ibsen und dem Wort »Dichtung« habe ich sofort gelesen, beide natürlich mit großem Gewinn: zu Ibsen interessierte mich besonders die Spiegelung der Hypothese von der geschichtsbewegenden Kraft des »Großen Mannes« in seinem Werk und seine Aufnahme neoplatonischer Spekulationen (die ich auch beim jungen Freud – via Shakespeare und Cervantes – entdeckt zu haben glaube); die historische Untersuchung des »Dichtungs«begriffes hat mir meine Überlegungen zu den Bezeichnungen »Dichter«/»Schriftsteller« tiefer fundiert. Ganz besonders aber muß ich Ihnen natürlich für die neue »Logik der Dichtung« danken und dafür, daß Sie sie mit einer so auszeichnenden Widmung versehen haben. Ich möchte sie abermals durcharbeiten, habe mit der Lektüre auch schon begonnen, nur fehlt mir im Semester die Zeit für intensive eigene Studien. Im Hinblick auf Lukács' »Ästhetik« denke ich aber doch, daß beide Werke sich in der Grundfrage nach dem Verhältnis der Dichtung zur Wirklichkeit berühren.

Inzwischen, d. h. vor wenigen Tagen, hatte ich die große Freude, daß Hamburg mir eine Gastprofessur fürs Wintersemester 1974/75 anbot. Ich habe – da mein chairman hier die Sache befürworten will – sogleich zusagen können und freue mich nun nach 5 bzw. 6 Jahren Arbeit hier auf die Tätigkeit an meiner alten Universität. Vor allem wird mir damit auch Gelegenheit gegeben, mich an Ort und Stelle nach weiteren Möglichkeiten umzutun. Mitte Mai werde ich – diesmal wohl per Schiff, um einige Haushaltsdinge und evtl. meinen Wagen mitnehmen zu können – hinüberkommen und dann gewiß auch in Stuttgart vorsprechen. Metzler hat Interesse am Freud-Manuskript gezeigt. (Ja, Anna Freud ist zeitlebens als Kinderanalytikerin hervorgetreten und soll – wie ich neulich hörte – in Ihrer Therapie mehr Erfolg als ihr Vater gehabt haben! Ich glaube, sie ist 80jährig.) Rechtzeitig, bevor ich nach Stuttgart komme, werde ich anfragen, ob ich Sie aufsuchen darf.

Eine letzte, kleinere und vielleicht nicht ganz ausgeglichene Arbeit erlaube ich mir, Ihnen hier beizulegen. (Was Golo Mann über Geschichtsschreibung als »Geschichte erzählen« und damit als Schöne Literatur in dem Band »Literatur und Dichtung« schreibt, muß doch wohl auch auf Ihren Widerspruch stoßen.)

Mit allen guten Wünschen für Ihr Wohlergehen und mit den herzlichsten Grüßen bleibe ich

Ihr

Stuttgart, 22. 6. 74 an KS

Lieber Herr Schröter,

da ich nächste Woche verreist sein werde (um auf der Schwäbischen Alb mich ein wenig in der Natur zu ergehen), will ich gleich auf Ihre Frage antworten, die ich eigentlich garnicht präzise beantworten kann:

Natürlich können Sie sich bewerben: es handelt sich um die Nachfolge Martinis. An Publikationen haben Sie ja genügend aufzuweisen, dazu Ihre Lehrtätigkeit in Amerika. Ob Sie aber Chancen haben werden, vermag ich so wenig wie irgend jemand anders zu sagen. Und wenn ich auch glaube, daß sie nicht groß sein werden, so ist das keineswegs ein Grund, die Bewerbung zu unterlassen. Ich gehöre der Berufungskommission nicht an, wollte dies auch nicht, und wie das umständliche Verfahren, bei einer erwarteten sehr großen Bewerberzahl, laufen wird, ist nicht vorauszusehen. Es hängt ja, wie stets, soviel vom Geschmack, den eigenen Vorstellungen der Kommissionsmitglieder ab, deren entscheidenster ja wohl Volker Klotz sein wird, der den anderen Lehrstuhl innehat. Da Sie aber ohnedies eine »Bewerbungskampagne« im kommenden Winter in Gang setzen wollen und alles was dazu gehört also vorbereiten müssen, können Sie doch auch Ihre Unterlagen nach Stuttgart schicken. Wissen kann man ja nie!

Nun sind Sie wieder auf der Josthöhe und werden als Gastdozent den Winter über bleiben. Wie stehen denn die Aussichten in Hamburg selbst, wo Sie ja die stärksten Beziehungen haben? Wird ein Lehrstuhl frei? Sehr günstig übrigens, daß Ihr Buch über Freud, auf das ich gespannt bin, jetzt erscheint und vorgelegt werden kann. Sie haben viel »geschafft«, wie man hier sagt. Ich gratuliere!

Ich hatte mit Operationen zu tun, eine Herzschrittmachereinpflanzung, im April und noch einmal im Mai, da es nicht funktionierte. Dies war wegen meiner gelegentlichen Ohnmachtsanfälle nötig geworden. Jetzt geht es gut und ist nun, hoffentlich, in Ordnung. Größere Reisen mache ich diesen Sommer nicht, nur im August an den Schliersee.

Werden Sie, so oder so, mal in hiesige Gegend kommen?

Alle guten Wünsche und herzlichste Grüße!

Ihre

Käte Hamburger

Hamburg, 28. 7. 74 an KH

Meine sehr verehrte, liebe Frau Hamburger,

noch meinen herzlichen Dank für Ihren Brief vom 22. 6. Nach einigem Überlegen habe ich mich in Stuttgart nicht beworben, da ich mir nicht einbilden darf, die Qualifikationen zu besitzen, die man von Martinis Nachfolger erwarten wird. Ja, ich konzentriere meine Hoffnungen doch auf Hamburg. Hier wird die Stelle des Leiters der Exilforschungsstelle ausgeschrieben werden, leider nur H 2, aber als Einstieg und »Einübung« vielleicht nicht einmal schlecht – und sicher mit geringeren verwaltungstechnischen Obligationen. Darf ich wohl, wenn es soweit kommt, Ihren Namen zu den Referenzen setzen, die ich aufgeben könnte?

Gar zu gern würde ich Sie besuchen. Aber ich sitze immer noch und warte auf meine Sachen aus USA. Sie sollten in den nächsten Tagen eintreffen. Dann möchte ich via Köln, Stuttgart nach München. Wann werden Sie nach Schliersee aufbrechen? Und wenn ich Sie nicht mehr in Stuttgart erreiche, wäre es Ihnen dann recht, wenn ich Sie auf einem Spaziergang in Schliersee begleitete? Ich hoffe sehr, daß Sie sich nach den doch tief eingreifenden Operationen dort ganz wiederherstellen können.

Mit meinen besten Wünschen und sehr herzlichen Grüßen bin ich

Ihr

trotzdem Stuttgart, **1. 8. 74 an KS**
[Postkarte]

Lieber Dr. Schröter,

herzlich für Ihren Brief dankend, will ich Ihnen nur kurz meine Reisedaten schreiben. Am 17. 8. fahre ich nach Schliersee für 8–10 Tage, Hotel Schlierseer Hof. Vielleicht dann noch nach Bad Wiessee/Tegernsee, wo Martinis sind. Möglicherweise kommen Sie noch vorher nach Stuttgart? Übersiedeln Sie denn schon endgültig von Amerika nach Hamburg? Mir erscheint auch die Hamburger Forschungsstelle viel aussichtsreicher als eine Bewerbung hier und mehr Zeit für Ihre eigenen Arbeiten lassend. Alles Gute dafür! Ich freue mich, bald mündlich das alles mit Ihnen besprechen zu können, sei es hier oder gar in Schliersee, was auch reizend wäre.

Bis dahin herzlichst

Ihre

Käte Hamburger

Die Karte stammt aus einer Mappe, die ich von einer russischen Kollegin bekam.

Sind diese Fische nun Sozialistischer Realismus? Scheinen aber von 1904 zu sein.

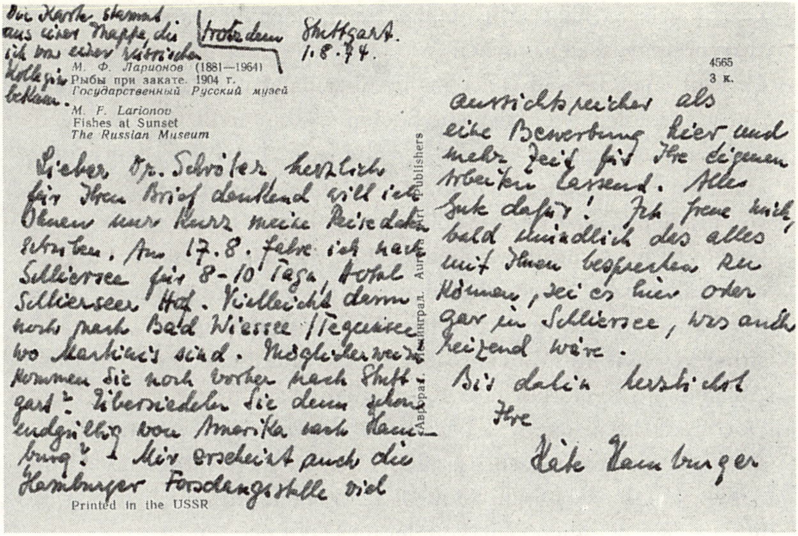

Die Karte stammt aus einer Mappe, die ich von einer russischen Kollegin bekam.

Trotzdem

Stuttgart. 1.8.74.

М. Ф. Ларионов (1881—1964)
Рыбы при закате. 1904 г.
Государственный Русский музей

M. F. Larionov
Fishes at Sunset
The Russian Museum

4565
3 к.

Lieber Dr. Schröter, herzlich für Ihren Brief dankend will ich Ihnen nur kurz meine Reisedaten schreiben. Am 17.8. fahre ich nach Schliersee für 8–10 Tage, Hotel Schlierseer Hof. Vielleicht dann noch nach Bad Wiessee / Tegernsee wo Martini's sind. Möglicherweise kommen Sie noch vorher nach Stuttgart? Übersiedeln Sie denn schon endgültig von Amerika nach Hamburg? Mir erscheint auch die Hamburger Forschungsstelle viel aussichtsreicher als eine Bewerbung hier und mehr Zeit für Ihre eigenen Arbeiten lassend. Alles Gute dafür! Ich freue mich bald mündlich das alles mit Ihnen besprechen zu können, sei es hier oder gar in Schliersee, was auch reizend wäre.

Bis dahin herzlichst
Ihre
Käte Hamburger

Аврора. Ленинград. Aurora Art Publishers

Printed in the USSR

KH an KS/1. 8. 74

Stuttgart, 9. 2. 75 an KS

Lieber Herr Schröter,

ich vermute, daß Sie mein Brief jetzt in Stony Brook erreicht, da Sie schrieben, Sie würden nach Ihrer Reise mit Ihrer Mutter im Januar zunächst wieder dorthin zurückkehren und dort dann die Entscheidung über Ihre Hamburger Bewerbung erwarten.

So danke ich Ihnen erst jetzt für Ihren gewichtigen Weihnachtsgruß in Gestalt der Freudabhandlung, die ich inzwischen mit größtem Interesse und Staunen über diese mir bisher nicht in dieser Weise bekannt gewesenen literarischen Einflüsse auf die Psychoanalyse

Freuds gelesen habe. Mit Staunen auch über die darin von Ihnen ausgebreitete Gelehrsamkeit wie z. B. über den Thomismus der Cervantesnovelle und vieles mehr. Aber nicht nur das macht Ihren Aufsatz zu einem wichtigen und hochinteressanten Beitrag der Freud- und vor allem auch der Goethe-Forschung, letzterer unter dem jetzt so aktuellen Rezeptionsgesichtspunkt. Es ist ja beinah aufregend, sich vorzustellen, daß Freuds Sublimierungs- und Realitätsprinzip von Goethes Entsagungsprinzip eingegeben war. Hoch interessant auch der Einbau von Freuds liberalen und revolutionären Ideen in die psychoanalytischen Forschungen über die primitiven Gesellschaftsstrukturen (wie im »Mann Moses« etc.). – Natürlich ist diese wertvolle Abhandlung im Jahrbuch der Psychoanalyse an ihrem richtigen Platz. Doch entgeht sie damit vielleicht etwas zu sehr der Literaturwissenschaft, für die sie von ebenso großem Interesse ist. Ist dies eigentlich die Arbeit, von der sie mir im Sommer 73 in Hamburg sprachen, oder ist noch eine größere geplant, von der diese nur ein Teil ist?

Ich bin nun gespannt, wie es in Hamburg für Sie ausgehen wird. Lassen Sie mich wünschen, daß es in Ihrem Sinne geschieht und geben Sie mir Nachricht über den Verlauf der Angelegenheit.

Herzlichste Grüße

Ihre

Käte Hamburger

Stuttgart, 15. 6. 75 an KS

Lieber Herr Schröter,

was hier beiliegt, ist der Brief, den ich Ihnen, wie Sie sehen, am 9. Februar nach Stony Brook geschrieben hatte und im Laufe des Frühjahrs mit dem Vermerk »Moved left no address« zurück bekam. In München vor

2 Wochen, beim Thomas Mann Symposium, traf ich Freund Sauereßig, der mir Auskunft gab, daß Sie sich gerade auf dem Steamer nach Hamburg befänden, wo Sie nun gewiß schon angekommen sind.

Willkommen also daheim, und ich bin gespannt, ob dies »daheim« nun endgültig ist und sich die Berufung an die Universität nun, wie ich sehr hoffe, günstig und zu Ihrer Zufriedenheit erledigt hat.

Geben Sie also bald mal Nachricht und seien Sie herzlichst gegrüßt

Ihre
Käte Hamburger

Hamburg, 1. 7. 75 an KH

Meine liebe, sehr verehrte Frau Hamburger,

nichts hätte mir eine liebere Überraschung sein können als Ihr Doppelbrief, den ich gestern nach meiner Ankunft hier in Hamburg vorfand. Daß Sie der Freud-Arbeit zustimmen, freut mich sehr (hatte ich einmal erwähnt, daß auch Anna Freud sich wohlwollend über sie geäußert hat?). – Inzwischen habe ich mich im März–April ds. Jahres auf Ihr Gebiet gewagt und eine längere Studie zum »Joseph«-Roman geschrieben, die ich Ihnen bald werde vorlegen können.

Aber nun, da Sie fragen, zu den unangenehmen Tatsachen, Hamburg betreffend: In der Bewerbung um die H2-Exil-Stelle hat mich der Spezialissimus auf diesem Gebiet, Hans-Albert Walter, auf Platz Eins der Empfehlung der Berufungskommission überrundet; ich bin auf Platz Zwei gelandet. So muß ich nun erneut Sie und andere befreundete Kollegen wie Paul Raabe recht sehr bitten, an mich zu denken und auch meinen Namen zu nennen, wann immer Sie von Stellenbesetzungen hören. Ich hätte in diesen nächsten Wochen Zeit, Besuche zu machen (wenn das bei der Öffentlichkeit der Berufungsverfahren überhaupt irgend nützt!). An meinem Wunsch, doch wieder in

Deutschland tätig zu sein, halte ich nämlich fest. Gerade das fruchtbare Gastsemester im Herbst hier in Hamburg hat mir gezeigt, daß ich hier selbst noch lernen kann – drüben aber nicht. Am 31. August fliege ich von London wieder ab. Post würde mich stets unter meiner Hamburger Adresse oder meiner Dienstadresse drüben erreichen:

German Dept.
SUNY
Stony Brook, N. Y. 11794 USA.

Bei meiner Freude über Ihre Briefe entging mir aber doch nicht, daß Sie gar nichts über Ihr Befinden sagen. War der Eingriff des vorigen Jahres von guten und dauernden Folgen? Glauben Sie mir, daß es mir sehr leid tat, nicht nach Schliersee gelangt zu sein – der »stress« des vorigen Jahres war reichlich. Kommen Sie wieder einmal durch Hamburg? Ich würde gern übers Thomas Mann Symposium in München hören und könnte Ihnen einiges Gewürzte vom T. M. Symposium an der Rutgers University in New Jersey erzählen.

Mit den besten Wünschen und herzlichen Grüßen,

Ihr alter

Stuttgart, 28. 8. 75 an KS

Lieber Herr Schröter,

eben sehe ich mit Schrecken, daß seit Ihrem Brief aus Hamburg schon fast 2 Monate vergangen sind und Sie übermorgen bereits wieder nach Amerika fliegen, weshalb ich nun auch direkt dorthin schreibe, mit meinem Briefe Sie dort begrüßend. Aber es tut mir sehr leid, daß auch diesen Sommer es keine Gelegenheit gab, sich wieder einmal zu treffen. Sie scheinen sich nicht nach Süddeutschland gewandt zu haben, und ich nicht nordwärts, sondern verlebte in der fränkischen Oberpfalz, nicht weit von Nürnberg, mitten auf dem Lande (aber in einem komfortablen kleinen Hotel) wunderschöne Ferien, bei herrlichstem Wetter, und – ich war mit einer Freundin per Auto dort – mit Fahrten zu entzückenden alten Städtchen, bemerkenswerten Kirchen, vor allem Bamberg und Vierzehnheiligen. Auch vorher war ich verschiedentlich unterwegs, in München zum Th. Mann-Symposium, in Siegen bei Kreuzers. Sie sehen daraus, daß es mir gut geht und mein Schreibversäumnis nur auf angenehme Dinge zuzüglich viel Kollegenbesuche aus aller Welt beruht, unter denen Sie leider nicht waren.

Nicht gern empfing ich Ihre Mitteilung vom Scheitern der Hamburger Aussichten. Dies sollte also eine Spezialprofessur für Exilliteratur sein, wie ich erst jetzt sehe, und H. A. Walter, der ja, so viel ich weiß, ein Buch darüber geschrieben hat (von mir nicht gelesen), hat Sie überrundet. Ja, es ist so: bei den jetzigen Berufungsverfahren, dem öffentlichen Ausschreiben der Stellen und der ganzen Prozedur habe ich wenig Möglichkeit, für Sie tätig zu sein, leider. Würde auch eine Gesamthochschule in Frage kommen? Gottlob gehören Sie ja aber nicht zur leider immer wachsenden Zahl der Stellungslosen, sondern können immer vom sichern Port Umschau halten. Gern hätte ich von Ihren, wie Sie schreiben, fruchtbaren Erfahrungen des Hamburger Gastsemesters gehört. Man hätte denken sollen, daß dies der Start für Hamburg gewesen wäre, da doch Ihr offenbarer Lehrerfolg sicher den entscheidenden Gremien bekannt geworden ist?

Ich wartete wohl auch mit meiner Antwort, weil ich den angekündigten Sonderdruck über den Josephsroman abwarten wollte, der nun eingetroffen und natürlich mit großem Interesse von mir gelesen worden ist. Nun gehöre ich ja zur Kategorie der von Ihnen mit einer gewissen Verachtung versehenen »bürgerlichen«, gar bourgeoisen Literaturwissenschaft, die das Bewußtsein vor das – gesellschaftliche – Sein setzt oder zum mindesten die Literatur nicht unbedingt daraufhin untersucht, ob sie das eine oder andere tut. Und da finde ich nun in meiner dialektisch-materialistischen Unbedarftheit, daß vieles in Ihrem Aufsatz sehr gut ist, manches aber auch nicht und etwas gewaltsam zurechtgebogen. Daß es sich z. B. beim »Krull« um die Verneinung der Klassengesellschaft und ihrer Arbeitsausbeutung handeln sollte, ist mir nicht sehr einleuchtend. Und wenn die ersten beiden Bände des »Joseph«, die Patriarchenbände, Jaakob als den Herdenfürst schildern, den Patriarchen, der Knechte und Mägde hat und dem auch die Familie untersteht, so ist das doch wohl nicht unter dem Gesichtspunkt der kapitalistischen Ausbeutergesellschaft dargestellt, sondern weil es so war in der Nomadenstruktur der biblischen Welt. Gesellschaftskritik ist doch wohl weder im »Krull« noch im »Joseph« thematisch, nicht einmal in »Kgl. Hoheit«, die Stoffe, Milieus werden bei Thomas Mann zu anderen Zwecken benutzt. Und warum ist es quasi verboten, das Problem der Zeit als Erlebniszeit zu gestalten, oder warum ist es falsch, auch wenn Spengler, doch nicht er allein, es gezeigt hat, daß Juden, Perser und Chaldäer die Entwicklung vom Polytheismus zum Monotheismus vorangetrieben haben? Mag man dies nun Verinnerlichung nennen: Vergeistigung der Religionen war es gewiß (aus der in gewisser Weise das spätere Christentum mit seinen Heiligen wieder zurückgefallen ist, jedenfalls auf diesem Gebiet). Und wenn Heine im Monotheismus oder Deismus Obrigkeitsdenken fand und ablehnte, so ist das nicht so kolossal ernst zu nehmen. Denn Heine war auch gerade sehr für Könige und verteidigte sie gegen den Adel. Natürlich ist es ein Thema des Josephromans, den Gegensatz einer mythischen Weltordnung zu einer rationalistischen darzustellen und das »Menschenwesen«, d. h. die Humanitätsidee auf letztere zu gründen. Deshalb die Verlegung von Josephs Ägyptenzeit in die Aufklärungsepoche des Amenophis (gänzlich unhistorisch natürlich, da diese wohl nicht als gleichzeitig mit der biblischen Patriarchenwelt gedacht werden kann). Ich glaube nicht, daß in der Rede Josephs zu Pharao, »das Bindend-Musterhafte des Grundes« mit »geschichtlich und gesellschaftlich gebundenem Wesen« gleichzusetzen ist, sondern mit dem »Segen der Tiefe«, der sich mit dem Segen von oben verbinden muß, die Grundworte der Genesis für Joseph, seinen Jaakobssegen.

Ja, lieber Herr Schröter, da mußte ich nun ein bißchen opponieren, aber ich weiß, daß Sie mir das nicht übelnehmen, weil ja gegenseitige Kritik marxistischer und bürgerlicher Literaturwissenschaft zur Sache gehört. Jedenfalls hat mich der Aufsatz sehr interessiert.

Für heute herzliche Grüße, lassen Sie mal wieder von sich hören.

Ihre
Käte Hamburger

Stuttgart, 8. 6. 76 an KS

Lieber Herr Schröter,

ich dachte gerade in den letzten Tagen daran, daß ich lange nichts von Ihnen gehört hatte, und heute kam Ihr Brief vom Schiff auf dem Weg nach Norwegen – welch gute Idee! –, wo Sie wohl noch etwas verweilen werden, ehe Sie nach Hamburg – auch per Schiff? – reisen. Ich schreibe Ihnen heute gleich dorthin, weil ich Ende dieser Woche selbst eine Autoreise in die Bretagne antreten will.

Alles was Sie von sich berichten, hat mich sehr interessiert. Wie immer bewundere ich Ihren Fleiß und durch ihn erworbene Kenntnisse, wodurch nun wieder eine Döblinmonographie entstanden ist, aus der ich, die ich Döblin nicht sehr gut kenne, viel lernen werde. Und dann habe ich vor allem zu gratulieren zur Gastprofessur in Amsterdam, um die Sie, wegen dem herrlichen Amsterdam, zu beneiden sind. Und auch sonst ist dies ja eine höchst ehrenvolle Berufung, aus der sich vielleicht sogar etwas Bleibendes ergibt. Kommen Sie nicht mal wieder in unsere Gegend, Stuttgart und Biberach, damit Sie Näheres erzählen können?

Da ich mir von dem Brief, den ich Ihnen im August vorigen Jahres zu Ihrem Thomas Mann-Aufsatz in »Akzente« geschrieben habe, keinen Durchschlag gemacht hatte, weiß ich gar nicht mehr, was ich darin gesagt habe. Jedenfalls wars etwas kritisch zur linkssoziologischen Methode, die z. B. Zeitphilosophien gleich als bourgeois abwertet. Und wenn schon »bourgeois« – ists so viel schlechter und dümmer als marxistisch? Na, und die Erforschung der unbewußten gesellschaftlichen Bedingtheit – ist da nicht, Hand aufs Herz, sehr viel Spekulatives dabei? Besonders bei Literaturkritikern? Daß Thomas Mann sich bei seinen »Quellen«-Studien in einem »düstern Zirkel von Irrationalen und Metaphysikern« bewegt hat – das ist eine sehr gute und richtige Feststellung von Ihnen, wie denn ja auch die panbabylonische Forschung, auf die er sich stützte, eine wissenschaftlich sehr umstrittene damals war. Dennoch ist der Josephroman, nach meiner Ansicht, einer der wunderbarsten Romane der Weltliteratur.

Lassen Sie von Hamburg von sich hören. Ich schicke Ihnen gleichzeitig einen Sonderdruck über Tristram Shandy (aus der Festschrift für Seidlin), noch aus meinen dichtungslogischen Beschäftigungen herrührend.

Für heute herzliche Grüße
Ihre alte Freundin
Käte Hamburger

Stuttgart, 8. 8. 77 an KS

Lieber Herr Schröter,

gerade als ich mich wunderte, so lange nichts von Ihnen gehört zu haben, kam im Juni Ihr Brief und das Heft der Monatshefte. Ich habe mich über die guten Nachrichten, denen in bezug auf die Amsterdamer Professur hoffentlich noch die endgültig guten folgen, sehr gefreut.

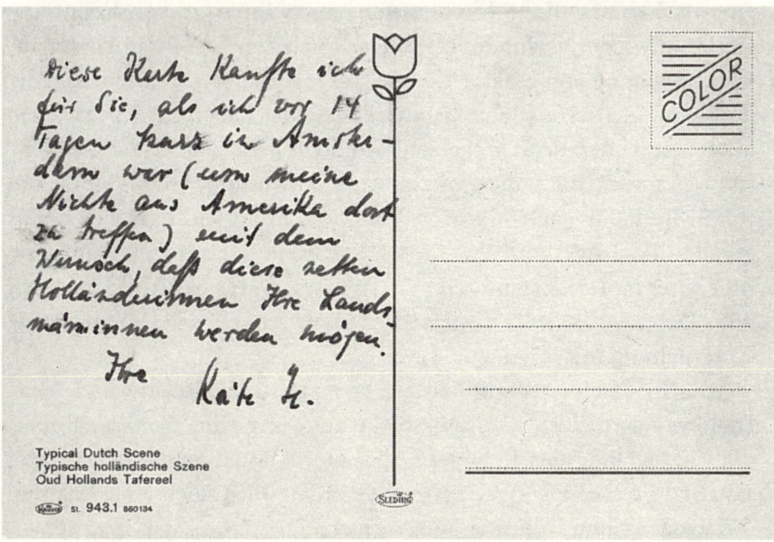

Diese Karte kaufte ich für Sie, als ich vor 14 Tagen kurz in Amsterdam war (um meine Nichte aus Amerika dort zu treffen) mit dem Wunsch, daß diese netten Holländerinnen Ihre Landsmänninnen werden mögen.

Ihre Käte H.

Typical Dutch Scene
Typische holländische Szene
Oud Hollands Tafereel

51. 943.1 860134

COLOR

KH an KS/8. 8. 77

Ja, als ich jetzt in Amsterdam für 3 Tage war (s. beiliegende Karte), war ich wieder so entzückt von dieser Stadt, ihrer Eigenart, ihrer Gemütlichkeit und Schönheit, daß ich abgesehen von allem anderen Ihnen nur wünschen kann, daß Sie dort Ihr Lebensziel finden. Und würden Sie den durch Herman Meyer so hochrenommierten Lehrstuhl bekommen, für den es vielleicht doch nicht so qualifizierte Holländer gibt, die Ihnen Konkurrenz machen könnten bei der Bewerbung und der Entscheidung des Ministers und der Königin, wäre dies wirklich ein Ziel Ihrer Laufbahn, das sich gelohnt hätte. Wie lange hatten Sie jetzt die Gastprofessur inne, und welche Erfahrungen haben Sie mit den holländischen Studenten gemacht? Daß Sie von Kollegenseite nur Freundliches erfahren haben, teilten Sie schon mit.

Sehr nützlich ist mir, die ich leider eine schlechte Leserin von Sekundärliteratur bin (was man nicht sein sollte, wenn man selbst welche herstellt), Ihr eingehender kritischer Überblick über die jüngste Thomas Mann-Literatur, der mich Ihren großen Kenntnisreichtum wieder bewundern ließ. Das Buch von Lieselotte Voss über die Entstehung von Doktor Faustus hat ja im selben Heft eine eigene und sehr gute Besprechung bekommen. – Was haben Sie gegenwärtig unter der Feder? Was frage ich! Sie schreiben ja von der Döblin-Monographie. Wird dies wieder eine Rowohltmonographie? Und wenn Sie dafür nach Marbach kommen, hoffe ich, daß dies nicht gerade in die Zeit vom 13. – ci 22. 8. fällt, in der ich eine Autoreise (mit einer motorisierten Freundin) in den Bayerischen Wald machen will. Denn ich würde mich sehr freuen, einmal wieder eine gute Unterhaltung mit Ihnen zu führen.

Die beiden Festschriftbeiträge über Tristram Shandy und Mrs. Dalloway sind ausgearbeitete Stücke aus einer alten Vorlesung über die Entwicklung des Erzählens, die international angelegt war und sich von Homer bis Joyce erstreckte. Sie enthielt auch eine Analyse des Don Quijote, die ich seit vorigem Jahr sogar am spanischen

Original belegen könnte, da ich auf meine alten, sehr alten Tage (inzwischen bald 81) voriges Jahr spanisch gelernt habe, allerdings nur zum Zwecke des Lesens. Doch werde ich dies kaum ausführen, schon weil ich dazu die spanische Don Quijote-Literatur etwas kennen müßte, die hier schwer zu bekommen ist. Auch bin ich mit anderen Dingen beschäftigt, ja mit nichts Geringerem als dem Wahrheitsproblem. – Im vorigen Jahr erschien mein kleines Rilkebuch, hervorgegangen aus einer Vorlesung und wie diese explizit als »Einführung« gedacht, welchen Zweck das Buch auch zu erfüllen scheint. Ich weiß nicht, ob Sie zu Rilke ein Verhältnis haben, Ihre mehr soziologisch gerichtete Neigung und Methode läßt es mir nicht sehr wahrscheinlich erscheinen. Wenn aber doch und es Sie interessiert, sollen Sie es haben.

Seien Sie für heute herzlich gegrüßt und lassen Sie von sich hören

Ihre

Käte Hamburger

A propos die hiesige Faust I und II-Aufführung. Wie Herman Meyer, den ich hier kurz am Telefon sprach, allerdings nur nachdem er den ersten Teil gesehen hatte, war ich keineswegs wie so viele unserer Generation negativ dazu gestellt. Großartige Regieeinfälle, bis auf die allzusehr in Klamauk ausschweifenden im 2. Teil, das Ganze höchst amüsant, ja die leichte Ironie, mit der Faust dargestellt wird, garnicht so abwegig – es geht einem dabei auf, daß Faust garnicht so arg »strebt«, sondern sich mit Genuß aus der Studierstube Mephisto in die Arme und ins Weltgetriebe stürzt und fortan nur dem zweiten Triebe folgt und eigentlich ohne daß er »strebend sich bemüht« hätte, erlöst wird. Hervorragend war in dieser Aufführung der Mephisto, weit mehr der Goetheschen Intention gemäß als s. Zt. Gründgens.

[Postkarte/Beilage zum Brief vom 8. 8. 77]

Diese Karte kaufte ich für Sie, als ich vor 14 Tagen kurz in Amsterdam war (um meine Nichte aus Amerika dort zu treffen) mit dem Wunsch, daß diese netten Holländerinnen Ihre Landsmänninnen werden mögen.

Ihre

Käte H.

Hamburg, 13. 8. 77 an KH

Meine sehr verehrte, liebe Frau Hamburger,

es war ganz reizend, daß Sie mir eine Verlobung mit den netten Holländerinnen wünschen. Ich werde Ihre Karte als Talisman aufstecken, daß ich öfter hinblicke.

Sehr vielen Dank für Ihren freundlichen Brief. Ich antworte so rasch, um meine Bitte um Ihr Rilke-Buch recht sehr anzumelden. Ich bin mit den Schichten seines lyrischen Werks nicht voll vertraut, habe aber noch im letzten Herbst den Malte Laurids Brigge mit größter Bewunderung abermals durchgearbeitet und hoffe, mich damit für Ihre »Einführung« zu qualifizieren.

Ich muß nun doch alle Reisen fallen lassen. Hier hab ich noch reichlich mit der Endredaktion der Döblin-Monographie zu tun, Seminar-Arbeiten aus Amsterdam warten auf ihre Erledigung, und dann muß ich die Materialien für das neue akademische Jahr in Stony Brook organisieren. Von drüben werde ich mich wieder melden. Diesmal nur eilig und kurz

mit den allerbesten Wünschen
wie stets

Ihr

Hamburg, 27. 7. 78 an KH

Meine sehr verehrte, liebe Frau Hamburger,

ich bin noch ganz erfüllt von dem Nachmittag bei Ihnen und erzähle interessierten und geeigneten Zuhörern von Ihrer kritischen Darstellung gewisser »berühmter, nichts destoweniger aber verworrener« Pseudodefinitionen Walter Benjamins! Für mich selbst freue ich mich unendlich, daß ich Sie wiedergesehen habe – und in welch guter ›overall‹ Verfassung (hieran nahm auch meine Mutter besonderen Anteil – sie hat übrigens Ihre Kleinen Schriften zunächst einbehalten). Daß ich Ihr Buch als greifliches Resultat dieses Zusammentreffens habe, ist mir sehr wertvoll. Ich hoffe, daß Sie im nächsten Jahr mehr über Ihre »Wahrheits«studie mitteilen können. In dieser Hoffnung liegen alle guten Wünsche für Sie beschlossen.

Stuttgart, 31. 7. 78 an KS
[Postkarte]

Lieber Herr Schröter,

herzlichsten Dank für Ihre lieben Zeilen. Auch ich will Ihnen sagen, wie sehr ich mich über das Wiedersehen gefreut habe und wie gern ich an Ihren Besuch zurückdenke, zu dem Sie nur zu wenig Zeit mitgebracht hatten. – Lassen Sie öfters von sich hören, vor allem auch, wenn für Amsterdam sich vielleicht doch noch günstige Umstände ergeben. – Inzwischen hoffe auch ich auf Fortsetzung unseres Gesprächs im nächsten Jahr und grüße Sie herzlich mit guten Wünschen für die weitere Reise

Ihre Käte Hamburger

Stuttgart, 5. 1. 81 an KS
[Postkarte]

Lieber Herr Schröter,

so erreichen Sie meine Neujahrswünsche und Dank für die Ihren in Hamburg und offenbar für ein ganzes Jahr dort, im einstigen Goethe-Bibl.-Betrieb. Das ist doch auch mal schön und gibt Ihnen Zeit u. Ruhe, sich für eine eventuelle Dauerbleibe an d. Universität umzusehen. Ich vermute, daß das mit ein Antrieb war. – Vielleicht kommen Sie im Laufe des Jahres auch einmal wieder in hiesige Gegend, oder ich nach Hamburg. Jedenfalls lassen Sie mal von sich hören u. berichten von Ihrer Arbeit u. Ihrem Forschungsprojekt.

Herzl. Gruß
Ihre Käte Hamburger

Stuttgart, 14. 1. 81 an KS

Lieber Herr Schröter,

ich habe mich sehr gefreut, endlich mal wieder etwas von Ihnen zu hören. Zugleich bin ich sehr überrascht, daß Sie bereits ein Jahr wieder auf der Josthöhe sitzen – an die ich mich noch gut erinnere – und Amerika für immer den Rücken gekehrt haben. Und trotz der gewissen Unsicherheit und Schwebe Ihrer augenblicklichen Position bereuen Sie es, wie Sie sagen, nicht. Ist Ihnen Amerika so unleidlich geworden? Oder war Ihre Professur dort auch nicht für immer gesichert? Ich wünsche Ihnen fürs angebrochene neue Jahr, daß sich eine befriedigende Lösung findet. Ich meine, daß bei allem was Sie sowohl an Publikationen wie an akademischer Lehrtätigkeit vorzuweisen haben, das bei Ihnen leichter gelingen müsse als bei vielen anderen. Gewiß ist die jetzige Lage überall schwierig. – Kürzlich tauchte Ihr Name in Heinrich Mann-Dingen in der »Zeit« auf. Vielleicht festigt sich diese Verbindung zu einer ständigen redaktionellen Tätigkeit dort?

Was mich betrifft, so muß ich sehr dankbar sein in meinem ja nun doch recht hohen Alter, berichten zu dürfen, daß es mir gut geht und Altersbeschwerden mich bisher noch nicht plagen und behindern. Ich lebe gemütlich, aber doch immer beschäftigt. Im letzten Jahr sind zwei größere Beiträge zu Kollegenfestschriften entstanden – der eine handelt von Lessings Auslegung der aristotelischen Mitleid- und Furcht-Formel, der andere von einem alten Buch »Das Stilgesetz der Poesie« von Th. A. Meyer (1901).* Jetzt bin ich gar, für einen weiteren Festschriftbeitrag, mit dem Allerneuesten beschäftigt, dem sozusagen zwielichtigen Buch Wolfgang Hildesheimers »Marbot«. – Das Lessingsche Mitleidsproblem aber hat mich weiter angeregt, mich mit dem Mitleidsphänomen überhaupt zu befassen. Das ist eine weitschichtige Forschungsarbeit, zunächst in der Geschichte der Ethik. Was daraus wird, weiß ich natürlich noch nicht. Die Hauptsache ist für mich, an einem Problem zu knabbern und mit umfangreicher Lektüre beschäftigt zu sein.

Werden Sie zu sommerlicher Zeit, nach der man sich vom jetzigen strengen und beschwerlichen Winter her sehnt, Ihre Schritte per Bahn oder Wagen (falls Sie ihn noch haben) mal wieder in hiesige Gegend lenken?

Seien Sie, nochmals mit allen guten Wünschen,
herzlich gegrüßt

Ihre
Käte Hamburger

* *Beide erscheinen erst gegen Mitte bzw. Ende des Jahres.*

Stuttgart, 3. 7. 82 an KS
[Briefpostkarte]

Lieber Herr Schröter,

das Lebenszeichen von Ihnen hat mich sehr erfreut, umsomehr als es von Zufriedenheit mit Ihrer neugegründeten Hamburger Existenz Kunde gibt. Eine Böll-Monographie, die wohl in den rororo-Monographien erscheinen wird? Und die feste Mitarbeit in dieser Redaktion ist ja eine sehr gute und auch interessante Basis.

In Stuttgart werden Sie dann wohl nicht mehr viel zu suchen oder zu tun haben. Nur vielleicht machen Sie doch mal wieder eine Reise südwärts. – Im April war ich eine Woche im »Schwäbischen Barock« in der Nähe von Biberach und besuchte Heinz Saueressig, der, geschieden, in seinem von Bücher- und Bildersammlungen gefüllten Haus allein lebt. Haben Sie noch Verbindung mit ihm? – Mir geht es immer noch gut und ich bin dankbar genug, dies sagen zu können. Am Schreibtisch ist auch immer was zu tun. Drei Festschriftenbeiträge sollen diesen Herbst erscheinen – der eine über W. Hildesheimers »Marbot«.

Mit allen guten Wünschen
Ihre
Käte Hamburger

Stuttgart, 14. 8. 83 an KS
[Briefpostkarte]

Lieber Herr Schröter,

mit dem Gruß von Ihnen, Heinz Saueressig und seiner Freundin Simone aus Alt-Hamburg habe ich mich sehr gefreut, wäre gern dabei gewesen. Frau Simone schrieb, als kennten wir uns, aber ich suche vergeblich in meinem Gedächtnis.

Gern hörte ich einmal, wie es Ihnen geht und wo und wie Sie tätig sind. – Sind Sie noch bei Rowohlt? Jedenfalls sind Sie also umgezogen. Ist der Abendrothsweg nicht in Eppendorf?; Aus meiner Jugendzeit, die ich in der Klosterallee verlebte, glaube ich mich an diese Straße zu erinnern. – Mir geht es gut, und ich muß dankbar sein, das immer noch sagen zu dürfen in meinem hohen Alter. Aber reisen tue ich nicht mehr so gern, höchstens kleine Autoreisen. Kommen Sie nicht einmal wieder in die hiesige Gegend?

Herzliche Grüße
Ihre
Käte Hamburger

Hamburg, 30. 10. 84 an KH

Meine liebe Frau Hamburger,

sehr vielen Dank für Ihre Anregung, daß Beate von Pückler über ihren fürstlichen Ahnen eine Monographie für unsere Reihe schreiben solle. Leider können wir uns – die beiden Herausgeber haben ernsthaft beraten – nicht entschließen, diesen Titel aufzunehmen, da wir glauben, daß der Verkauf weit hinter den Erwartungen zurückbleiben wird, die wir – leider – an ein Taschenbuch mit sehr enger Kalkulation stellen müssen.

Ich hatte längst vor, Ihnen wieder einmal zu schreiben: Aus Amerika bin ich nun schon fast vier Jahre zurück. Der »Rückführungsprozeß« war nicht einfach, aber mit der Mitarbeit an der Herausgabe der Rowohlt-Monographien habe ich jetzt ein interessantes, sozusagen interdisziplinäres und befriedigendes Arbeitsfeld – und das ist ja fast das Wichtigste. Ich habe auch eine neue Wohnung in Eppendorf bezogen: Abendrothsweg 26, 2000 Hamburg 20, Tel. 040/46 36 46. Sollten Sie wieder einmal hier sein, wäre ein Besuch, über den ich mich sehr freuen würde, viel bequemer als der, den Sie vor 11 Jahren in der Josthöhe machten!

Haben Sie von Freund Sauereßigs 2. Heirat gehört? Ich lernte seine Frau Simone vor zwei Jahren kennen; wir hatten zu dritt ein schönes Diner hier.

Ihre Schrift ist unverändert! Wie geht es Ihnen?

Sehr herzliche Grüße Ihres

Stuttgart, 13. 12. 85 an KS
[Briefpostkarte]

Lieber Herr Schröter,

ich habe mich sehr gefreut, einmal wieder von Ihnen zu hören und daß Sie mich nicht vergessen haben. Und ebenso freue ich mich über die guten Nachrichten, die Sie von der so sehr befriedigenden Tätigkeit bei Rowohlt geben. Ich kann mir auch gut vorstellen, wie interessant und vielseitig diese Herausgeberarbeit an den so überaus nützlichen Monographien ist. Ihre eigene letzte über Böll, die ich ausgezeichnet fand, wird wohl jetzt nach seinem Tode sehr aktuell sein.

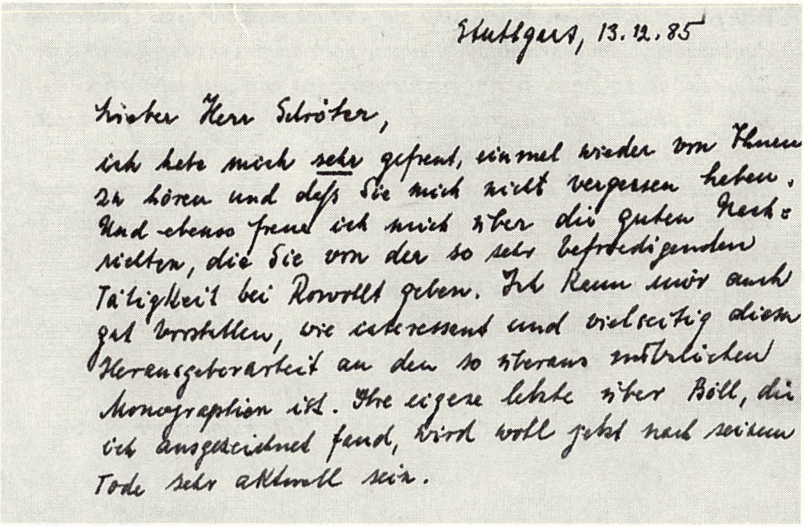
Stuttgart, 13.12.85

Lieber Herr Schröter,

ich habe mich sehr gefreut, einmal wieder von Ihnen zu hören und daß Sie mich nicht vergessen haben. Und ebenso freue ich mich über die guten Nachrichten, die Sie von der so sehr befriedigenden Tätigkeit bei Rowohlt geben. Ich kann mir auch gut vorstellen, wie interessant und vielseitig diese Herausgeberarbeit an den so überaus nützlichen Monographien ist. Ihre eigene letzte über Böll, die ich ausgezeichnet fand, wird wohl jetzt nach seinem Tode sehr aktuell sein.

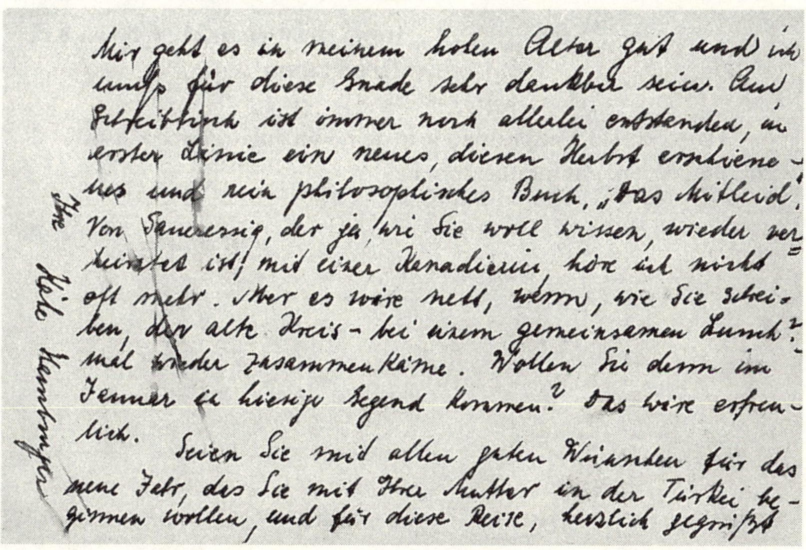
Mir geht es in meinem hohen Alter gut und ich muß für diese Gnade sehr dankbar sein. Am Schreibtisch ist immer noch allerlei entstanden, in erster Linie ein neues, diesen Herbst erschienenes und rein philosophisches Buch „Das Mitleid". Von Saueressig, der ja, wie Sie wohl wissen, wieder verheiratet ist, mit einer Kanadierin, höre ich nicht oft mehr. Aber es wäre nett, wenn, wie Sie schreiben, der alte Kreis – bei einem gemeinsamen Lunch – mal wieder zusammenkäme. Wollen Sie denn im Jenner in hiesige Gegend kommen? Das wäre erfreulich.

Seien Sie mit allen guten Wünschen für das neue Jahr, das Sie mit Ihrer Mutter in der Türkei beginnen wollen, und für diese Reise, herzlich gegrüßt

Ihre Käte Hamburger

KH an KS/13. 12. 85

Mir geht es in meinem hohen Alter gut und ich muß für diese Gnade sehr dankbar sein. Am Schreibtisch ist immer noch allerlei entstanden, in erster Linie ein neues, diesen Herbst erschienenes und rein philosophisches Buch »Das Mitleid«. Von Saueressig, der ja, wie Sie wohl wissen, wieder verheiratet ist, mit einer Kanadierin, höre ich nicht oft mehr. Aber es wäre nett, wenn, wie Sie schreiben, der alte Kreis – bei einem gemeinsamen Lunch? – mal wieder zusammenkäme. Wollen Sie denn im Januar in hiesige Gegend kommen? Das wäre erfreulich.

Seien Sie mit allen guten Wünschen für das neue Jahr, das Sie mit Ihrer Mutter in der Türkei beginnen wollen, und für diese Reise, herzlich gegrüßt

Ihre
Käte Hamburger

roma trastevera, 21. 9. 86 an KH
[Telegramm]

per il suo ecceslo compleanno le inviamo un augurio ricco di stima il circolo dei suoi ammiratori romani

Hamburg, 14. 10. 86 an KH

Meine liebe Frau Hamburger,

an Ihrem ehrwürdigen Jubiläumsgeburtstag war ich in Rom, und da hatte ich mit zwei jüngeren Kollegen und Freunden die Idee, Ihnen ein italienisches Glückwunschtelegramm zu schicken. Ich hoffe sehr, es hat Sie bei guter Gesundheit und im Wohlbehagen, daß so vielerseits herzlich an Sie gedacht wurde, erreicht. Die Freunde waren Reinhold Jaretzky, Autor unserer Lion Feuchtwanger-Monographie, und Uwe Naumann, Autor unserer Klaus Mann-Monographie, die ich Ihnen als nachträgliches kleines Geschenk beifüge.

Von Saueressig höre ich wenigstens ab und zu von Ihnen und Ihrem Ergehen. Vielleicht finden Sie in einigen Wochen Zeit, mir auf einer kleinen Karte zu bestätigen, daß es Ihnen gut geht. Womit sind Sie beschäftigt?

Mit sehr herzlichen Grüßen bleibe ich anhänglich Ihr

Stuttgart, 17. 10. 86 an KS

Lieber Herr Schröter,

gerade wollte ich Ihnen schreiben und danken – seit dem Geburtstag habe ich 150 Dankeschreiben, jedem persönlich, abgeschickt –, als ich heute Ihre schöne Sendung erhielt. Das italienische Telegramm mit Ihrem Namen und zwei mir bis heute unbekannten hat mich sehr erfreut und amüsiert. Das war eine reizende Idee von Ihnen; Sie haben recht: der hohe Jubiläumsgeburtstag war ein großer Freudentag für mich. Daß so viele Menschen dieses Tages gedenken und mir so viel Schönes sagen würden, hätte ich nicht erwartet *(auch die öffentliche Beachtung nicht)*, und dazu gehört auch Ihr Gedenken. Bitte sagen Sie auch Herrn Jaretzky und Herrn Naumann meinen Dank. Und Ihnen nun auch herzlichen Dank für die beiden Monographien, die mich sehr interessieren, zumal ich vor einiger Zeit Jud Süß und Die Jüdin von Toledo gelesen und sie als gute historische Romane beurteilt habe. – Auf Ihre Frage nach meinem Ergehen kann ich nur antworten, welch eine Gnade es ist, 90 Jahre ohne Altersbeschwerden zu werden und diesen Geburtstag so erleben zu dürfen, wie es mir beschieden war. Gratuliert, und auf sehr herzliche Weise, hat mir auch Herr v. Donanyi, allerdings auf Veranlassung von Hans Mayer.

Saueressig habe ich sehr lange nicht mehr gesehen. Er ist sehr oft in Canada, woher ja seine jetzige Frau stammt, und meldet sich eigentlich nur zu Geburtstagen und Weihnachten. Stehen Sie in häufigerer Verbindung mit ihm? – Ich würde gern mal von Ihnen Näheres über Ihre Arbeit etc. erfahren. Es scheint, Sie sind mit der Verlags- und Herausgebertätigkeit recht zufrieden. Haben Sie nach dem Böll-Buch weitere eigene Pläne? Ich »leide« daran, daß ich nach meinem vorjährigen Mitleidsbuch kein ergiebiges Thema habe. Denn ich bezweifele, ob aus der Beschäftigung mit dem Realismusbegriff, im Grunde eigentlich abgegriffen wie er ist, etwas herauskommt.

Führt der Weg nicht auch mal wieder nach Stuttgart?

Jedenfalls lassen Sie mal von sich hören und seien Sie herzlich gegrüßt

Ihre

Käte Hamburger

Hamburg, 24. 10. 86 an KH

Meine liebe Frau Hamburger,

ich habe mich so sehr über die guten Nachrichten von Ihnen gefreut und Ihre Grüße auch an die jungen Kollegen weitergeleitet – eine Kopie Ihres Briefes schickte ich an meine Mutter, die im Januar 80 werden wird und immer mit Interesse nach Ihnen fragt.

Dieser Tage mußte ich die Korrektur eines Vortrags lesen, den ich im vorigen Jahr beim internationalen Heinrich Mann-Symposium in Lübeck gehalten habe. Da habe ich mir herausgenommen, Sie in den einleitenden Passagen zu erwähnen – und nun erlaube ich mir, Ihnen die Sache zuzusenden. Ein bißchen bin ich gespannt, ob meine Absicht und Methode, mit Heinrich Manns kompliziertem Spätwerk umzugehen, Ihr Interesse finden.

Ein gutes Thema kann ich Ihnen auch nicht vorschlagen. Ich selbst dachte manchmal, ob nicht Hubert Fichte – den ich persönlich (mit allerlei Reserve) kannte – ein »würdiges« Thema für mich für eine nächste Monographie sei; man müßte ihn als streitbaren Zeitgenossen, und nicht ewig als den Stilfex zeigen, als der er jetzt dauernd besprochen wird. Aber meine Vorbehalte sind doch recht stark.

Von Saueressig höre und sehe ich alle zwei Jahre ein wenig; aber wir nehmen uns vor, den Kontakt zu wahren. Seine Frau Simonne mag ich sehr gern und möchte beide auch mal in Kanada besuchen. Soviel für heute mit meinen allerherzlichsten Grüßen,

Ihr alter

Stuttgart, 24. 11. 86 an KS
[Postkarte]

Lieber Herr Schröter,

etwas verspäteten aber herzlichen Dank für Ihren Aufsatz über H. Manns »Empfang bei der Welt«, der Ihre genaue Kennerschaft seines Gesamtwerks aufzeigt. Sie wissen, daß das Gegenteil bei mir der Fall ist, weshalb ich Belehrung aus Ihrem Aufsatz erhalten habe. Mit Vergnügen lese ich gerade die Feuchtwanger-Monographie.

Seien Sie herzlich gegrüßt
Ihre
Käte Hamburger

Stuttgart, 13. 3. 87 an KS
[Postkarte]

Lieber Herr Schröter,

Ihr durch den »Zeit«-Artikel veranlaßter freundlicher Gruß hat mich sehr erfreut. Aber wieso kam der Ihnen jetzt zu Gesicht? – Er erschien vor einem Jahr, am 29. 3. 1986. In hiesige Gegend führt Sie Ihr Weg wohl leider garnicht mehr. Mir geht es mit meinem 90 1/2 Jahren gut – eine Gnade, dies sagen zu dürfen.

Lassen Sie mal wieder von sich hören u. seien Sie herzlich gegrüßt

Ihre in jedem Sinne
alte Freundin
Käte Hamburger

Hamburg, 10. 4. 87 an KH

Meine liebe Frau Hamburger,

den Artikel von Hans Mayer über Sie schenkte mir jetzt Uwe Naumann, mein Mitarbeiter. Er weiß, daß ich außer dem Hamburger Abendblatt keine Zeitungen lese und so gelangte diese schöne Huldigung mit einem Jahr Verspätung an mich.

Ich freue mich immer über gute Nachrichten von Ihnen.

Bei Metzler müßte ich wohl einmal vorstellig werden, um meine dort erschienenen Arbeiten durchzuforsten oder aufzustocken – ich bin viel zu lasch in der »Verwaltung meiner selbst«.

Sollte ich mich zu diesem Besuch aufraffen, werde ich Sie gern anrufen, ob ich Sie besuchen darf. Von der gastfreundlichen Bewirtung bei Ihnen erzähle ich jüngeren Leuten häufiger.

Sehr herzliche Grüße

Ihres

Stuttgart, 15. 7. 87 an KS

Lieber Herr Schröter,

das ist eine erfreuliche Mitteilung! Wenn nichts Unvorhergesehenes dazwischen kommt, bin ich am 16. 8. hier. Am gemütlichsten ist es wohl, wenn Sie zum Abendbrot, gegen 19.00, kommen würden, wenn Sie die Nacht vom 16./17. noch in Stuttgart verbringen. Vielleicht geben Sie mir noch einmal Bescheid. – Soweit ich entziffern konnte, reisen Sie nach Rom?

Ich freue mich sehr aufs Wiedersehen mit allen guten Reisewünschen

Ihre

Käte Hamburger

Hamburg, 17. 7. 87 an KH

Meine sehr verehrte Frau Hamburger,

ich habe mich sehr über Ihren Brief gefreut und über die Aussicht, Sie am 16. 8. um 19h aufsuchen zu dürfen. Wenn ich Ihnen aber Arbeit und Mühe ersparen könnte, würde ich Sie auch gern zum Abendessen an einen Ihnen genehmen Ort ausführen!? Entschuldigen muß ich mich dafür, daß Sie meine Schrift schlecht entziffern konnten (deshalb tippe ich diesmal): Ja, wenn ich Sie besuche, komme ich aus Rom, wohin ich am 1. 8. fliege. Wie im Vorjahr, als wir Ihnen telegrafierten, wohne ich wieder in Trastevere mit Blick auf Michelangelos Loggia auf dem Palazzo Farnese (ganz links ist die Kuppel von St. Peter, ganz rechts der Palatin von der Dachterrasse aus sichtbar – dies alles gibt Ihnen ungefähr ein Bild ...). Die Nacht zum 17. 8. bleibe ich noch in Stuttgart – am 17. 8. bin ich mit den Herren von Metzler verabredet.

In großer Vorfreude, herzlichst Ihr

Hamburg, 20. 8. 87 an KH

Meine liebe und sehr verehrte Frau Hamburger,

die Mittagsstunden bei Ihnen, das von Ihnen eigens zubereitete Abendessen mit dem besonders beherzigenswerten Kroatzbeer-Preiselbeer-Nachtisch und dann auch noch der sommerliche Abend auf der Terrasse bei Halls werden mir in der lebhaftesten und schönsten Erinnerung bleiben und ich danke Ihnen sehr herzlich. Besonders freue ich mich, Ihre Siegener Festschrift bei mir zu haben.

Ihren Thomas Mann-Vortrag habe ich gleich mit Neugier und vielem Gewinn gelesen. Vielleicht hat es Sie inzwischen ein wenig interessiert, in welcher Maske Goethe in Heinrich Manns Spätwerk auftritt. Katja Mann, in deren Memoiren ich wieder einmal blätterte, bestätigt meine Befunde: daß Heinrich sich im kalifornischen Exil ganz stark mit seiner Lübecker Senatorensohn-Identität befaßt und in diesem Sinne »Buddenbrooks« erneut gelesen habe (der Briefwechsel der Brüder und Thomas Manns Tagebücher bezeugen das auch).

Es ist mir auch ein großer Gewinn, durch Sie mit Halls bekannt geworden zu sein. Ich habe ihm als »Trouvaillen« für seine Sammlung die Japanische Ausgabe meiner Thomas Mann-Monographie sowie den nur in der New Yorker Ausgabe von Katja Manns Memoiren enthaltenen Abschnitt über mich zugesandt. Da ich ihn xerokopieren mußte, zog ich eine Kopie mehr für Sie ab und lege sie Ihnen bei. Damals bedrückten mich diese Dinge sehr, denn Katja und Erika versuchten ja, die ganze germanistische Welt gegen mich einzunehmen ...

Erlauben Sie mir, Ihnen ein beständiges Wohlergehen zu wünschen. Ich bleibe anhänglich und Ihnen herzlich ergeben

Ihr

Stuttgart, 1. 9. 87 an KS

Lieber Herr Schröter,

herzlichen Dank für Ihren Brief mit interessanter Beilage. An den schönen Sonntag Ihres Besuches denke auch ich mit großem Vergnügen zurück. Es traf sich besonders gut, daß ich die Bekanntschaft mit Halls vermitteln konnte und wir den schönen Sommerabend bei ihnen verbringen konnten. Ja, Thomas Mann ist ein großer Vermittler.*

Der Bourget-Streit mit Katja ist ein sehr amüsanter und garnicht so unwesentlicher Beitrag zur Thomas Mann-Literatur und im weiteren zum Problem des literarischen »Einflusses« überhaupt, der nach meiner Meinung ja immer mit Vorsicht zu behandeln ist. Aber in bezug auf die Anfänge auch eines großen Schriftstellers, wie es hier der Fall ist, ist ein solcher Einfluß durchaus zu beachten. Ich habe in Ihrer Monographie nochmals nachgelesen, aus der hervorgeht, daß Th. Mann, entgegen Katjas Behauptung, Bourget gelesen hat. Dabei fand ich Ihren Leserbrief aus der »Welt« vom 8. 7. 65, der in meinem Exemplar liegt, Ihre scharfe Entgegnung auf Heckmanns von den Manns beeinflußten Verriß. Damals gab es ja noch nicht die Tagebücher und Briefe. Die Tagebücher sind ja erst aus späterer Zeit, aber kommt in den Briefen Bourget vor?

Mit großem Interesse habe ich die ausgezeichnete Mitscherlich-Monographie gelesen und viel daraus gelernt. Die rororo-Monographien sind wirklich die besten Informationsquellen.

Seien Sie herzlich gegrüßt und für Ihre guten Wünsche,
die ich erwidere, bedankt.

Ihre
Käte Hamburger

* was Halls in diesem Falle sehr lebhaft
empfunden haben: sie haben sich <u>sehr</u>
gefreut, Sie kennen gelernt zu haben.

Hamburg, 5. 12. 87 an KH

Meine liebe, sehr verehrte Frau Hamburger,

sehr vielen Dank noch für Ihre Bestätigung meiner Einsendung der Seiten aus Katja Manns amerikanischen Memoiren. Thomas Mann erwähnt Bourget in den von Erika Mann edierten Briefen einmal: »Das ›reine Geschwätz‹ [in ›Tonio Kröger‹] bezieht sich auf einen Aufsatz von Paul Bourget über ›kosmologische und psychologische Weltanschauung‹, aber wo der zu finden ist, das weiß ich längst nicht mehr.« (An Henry H. H. Remak, 21. 7. 1954) – Als ich die Bourget-Züge entdeckte, bestätigte mir ein Schulgenosse Thomas Manns, der zwei Jahre nach Thomas Mann das Katharineum besuchte, Gustav Hillard-Steinbömer, daß in den neunziger Jahren alle Welt Bourget las und kannte – es sei so selbstverständlich, daß seine und Thomas Manns Generation von ihm geprägt sei, daß man darüber gar nicht gesprochen habe. (Ich war mit Steinbömer bis zu seinem Tod 1972 recht sehr befreundet.) So brauchte ich bei meinen Bourget-Funden nie in Zweifel zu sein. Für seine große Thomas Mann-Darstellung hat denn auch Peter de Mendelssohn zweimal entsprechende Sätze aus meinen Thomas und Heinrich Mann-Monographien wörtlich übernommen ... Jetzt, liebe Frau Hamburger, kommt eine besondere Anfrage: In Ihrem letzten Brief lautet der letzte Absatz:

»Mit großem Interesse habe ich die ausgezeichnete Mitscherlich-Monographie gelesen und viel daraus gelernt. Die rororo-Monographien sind wirklich die besten Informationsquellen.«

Im nächsten März hat die Reihe ihr 30jähriges Jubiläum, und wir bereiten dafür eine Pressemappe vor. Dürften wir Sie darin mit dem wiedergegebenen Absatz zitieren? Sie wären eines von drei Briefzeugnissen: Das erste von Hermann Hesse, das zweite von Hans Magnus Enzensberger, das dritte Sie. Ich bitte recht sehr um Ihre Erlaubnis!

Meine herzlichsten, anhänglichen Grüße (bitte auch einen Gruß an Halls), Ihr

Stuttgart, 7. 12. 87 an KS

Lieber Herr Schröter,

umgehend will ich Ihre Bitte beantworten und erfüllen: meine Worte über die rororo-Monographien dürfen Sie gern für Ihre Werbung verwenden.

Was Bourget betrifft, so sollten Sie doch einmal einen Aufsatz über ihn und seinen Einfluß auf die Schriftstellergeneration der Jahrhundertwende schreiben und veröffentlichen, wenn Ihre Zeit es mal erlaubt. Ich habe noch nie einen Roman von ihm gelesen, möchte es aber ganz gern einmal tun. Ich glaube aber, seine Werke sind schwer aufzutreiben.

Zu erzählen hab ich noch ein ganz ungewöhnliches Ereignis: am 19. November hat mich der Bundespräsident besucht (was natürlich mit der Göttinger Ehrendoktorgeschichte zusammenhängt). So was erlebt man eigentlich nur im Traum.

Seien Sie, und schon mit allen meinen guten Wünschen für das neue Jahr, herzlich gegrüßt.

Ihre
Käte Hamburger

Hamburg, 13. 12. 87 an KH

Meine liebe und sehr verehrte Frau Hamburger,

Ich danke Ihnen sehr für die Erlaubnis, Sie über die Monographien zitieren zu dürfen.

Der Besuch des Bundespräsidenten bei Ihnen ist allerdings aufregend. Welche Sicherheitsvorkehrungen wurden in Ihrem Hochhaus getroffen? Mit welcher Entourage kam er und was war Gegenstand Ihrer Gespräche – die Übersendung des Mitleids-Buches mag ersten Anstoß gegeben haben oder auch die Göttinger Vorgänge.

Zu Bourget: Ich besitze seine Essays »Physiologie de l'Amour Moderne« und seinen Roman »La Duchesse Bleue« (diesen kenne ich nicht). Die Essays wurden von Nietzsche, Hermann Bahr, dem jungen Hugo von Hofmannsthal und den Brüdern Mann mit Aufmerksamkeit studiert. Möchten Sie die Bücher von mir leihen? Sie stünden Ihnen gern zur Verfügung.

Ihre guten Wünsche zum neuen Jahr erwidere ich auf das Allerherzlichste und bin, in der Hoffnung auf ein so schönes Wiedersehen, wie wir es in diesem September hatten, wie stets

Ihr alter

P. S.
Ich bin bis 18. 1. 88 verreist – Türkei, Zypern. Anbei noch ein kleines Zeichen meiner Tätigkeit.

Stuttgart, 27. 1. 88 an KS

Lieber Herr Schröter,

gestern erhielt ich die interessante Sendung über das 30jährige Jubiläum der Rowohlt-Monographien, an deren Qualitätsruhm Sie – wie ja auch überall hervorgehoben wurde – einen nicht geringen Anteil haben. Ich bin sehr dankbar für die Liste der lieferbaren Nummern, das erleichtert Bestellungen und regt zu weiteren an.

Vorher haben Sie noch eine große Reise in die Türkei unternommen und sind sicher mit interessanten Eindrücken, vielleicht nicht nur positiven, zurückgekehrt. – Jetzt will ich Ihnen, da Sie nach den näheren Umständen fragen, vom Besuch des Bundespräsidenten am

19. November (18.15–18.45) erzählen, der eins der beglückendsten Erlebnisse für mich war. Er hängt natürlich mit der Göttinger Geschichte zusammen, und ich habe ihn den Theologen zu danken. Davon hatte ich Ihnen ja im Sommer erzählt. Nach der sehr herzlichen Antwort, die ich im Juni auf meinen Brief und das Mitleidsbuch bekam, glaubte ich natürlich, daß der Fall damit abgeschlossen sei. Aber Ende Oktober wurde ich von einem Herrn des Bundespräsidiums angerufen, der mir mitteilte, daß der Bundespräsident mich treffen möchte und man überlegt hätte, wie das am besten zu arrangieren sei. Viermal führte ich lange Telefongespräche mit Bonn und es wurde schließlich festgesetzt, daß er mich am genannten Tage, an dem er inoffiziell in Stuttgart war, besuchen wolle (nicht, wovon ich natürlich ausgegangen war, er mich im Hotel empfangen würde). Sie können sich denken, daß mich das in nicht geringe Aufregung versetzte. Um es kurz zu machen – ich habe alles großartig arrangiert. Unsere zwei Hausmeister traten in Funktion, mit Empfang unten, Fahrstuhlbedienung- und freihaltung (direkt vornehm). Zwei Autos waren vorgefahren, das eine mit den Sicherheitsbeamten, die aber vor dem Hause blieben. Er kam allein und ich empfing ihn oben am Fahrstuhl. Als er in das Bücherzimmer trat, sagte er: »wie schön«, trat auf den Balkon hinaus und betrachtete die Aussicht – es schien ihm bei mir zu gefallen. Dann in der Sitzecke begann die Unterhaltung – natürlich auch über das Göttinger Debakel, und sie landete am Schluß – Sie werden es kaum glauben – bei »Lotte in Weimar«. Nicht mehr ganz genau kann ich sagen, wie das Gespräch auf Thomas Mann kam. Ich glaube durch seine Frage, wie ich nach Stuttgart gekommen sei, was indirekt mit Thomas Mann zu tun hatte (der Gründung einer Thomas Mann-Gesellschaft oder dgl. in Ostberlin in den 50er Jahren, wohin ich s. Zt. von Martini eingeladen war und ihn dort kennen lernte). Ich bin nur auf seine Fragen und Themen eingegangen und habe von mir aus nichts von mir angesprochen. Pünktlich brach er auf – ihm stand noch ein Abendessen bevor –,

nachdem er ein Gläschen Sherry genommen hatte. – Es geht aber noch weiter. Ich überlegte, auf welche Weise ich ihm meinen Dank für die Ehre seines Besuches zum Ausdruck bringen könnte und wollte das nicht, was auch nicht passend gewesen wäre, direkt hinterher in einem Briefe tun. Ich kam auf die richtige Idee, es zu Neujahr zu tun, und zwar in Gestalt meines Buches »Thomas Manns biblisches Werk«, mit einer Widmung, in der ich meinen Dank ausdrückte. Umgehend kam die Antwort, in Form einer gedruckten Neujahrsdankkarte, auf die er in seiner schönen Handschrift schrieb: »Mit lebhaftestem Interesse und aufrichtiger Dankbarkeit werde ich in Ihrem Thomas Mann lesen. Der Besuch bei Ihnen und Ihre Aufnahme haben mir in der Seele wohlgetan.« Ich war ganz erschüttert, und, ich kann es nicht leugnen, doch auch beglückt. Wie hätte ich mir eine solche Begegnung träumen lassen, und dies mit dem vielleicht augenblicklich am meisten verehrten Mann überall in der Welt.

Sahen Sie schon den hochinteressanten großen Band »Heller Zauber – Thomas Mann in München«, der zu der Münchener Ausstellung erschienen ist? Ich lese ihn mit Begeisterung und fand darin Sie, zustimmend, mit »Das zwanzigste Jahrhundert« und Bourget zitiert.

Da hatte ich also mal was zu erzählen, und grüße Sie herzlich

Ihre

Käte Hamburger

Hamburg, 4. 3. 88 an KH

Meine liebe Frau Hamburger,

über Ihren gehaltvollen Bericht vom 27. 1. (Kaisers Geburtstag!) habe ich mich außerordentlich gefreut. So nahe einem Abglanz dieses »vielleicht augenblicklich am meisten verehrten Mannes überall in der Welt« ausgesetzt zu sein, ist nun auch mir wieder ein persönliches Erlebnis.

Unsere Reise auf dem Festland Türkei und dann dem türkischen Nordteil Zyperns gab uns, wie immer, die schönsten Eindrücke. Meine Schwester aber, die die Türkei mehr von innen heraus kennt, war diesmal entsetzt und bestürzt über die Manipulation Unbelehrter durch Ärzte auf dem Land, über die mangelnde medizinische Versorgungslage und dergl. Istanbul scheint den Verkehr ohne U-Bahn nicht mehr bewältigen zu können; eine U-Bahn ist unbezahlbar, so planieren sie zur Zeit die Ufer am Goldenen Horn, um breite Seeuferstraßen zu schaffen. Unterrichtete Leute sagten uns, sie würden jederzeit von Istanbul ihr Geschäft nach Izmir verlegen, da das Leben in Istanbul »unmanageable« geworden sei.

Auf Zypern gibt es mindestens zwei mehr historische Schichten als auf dem Festland: Die Ptolemäer und die DeLusignans haben dort geherrscht. Übrigens aber haben Phönizier, Kreuzzügler, Sarazenen, Byzantiner und wer sonst noch die historischen Baudenkmäler Zyperns niedergemäht; sie liegen meistens als Säulenstümpfe flach auf der Erde und sind nur an wenigen Stellen, wie dem alten Salamis, zu eindrucksvollen Ruinen wieder aufgerichtet worden. Das Inselklima ist von wundervoller Gleichmäßigkeit, und wir wohnten im alten Kyrenia – durch Vermittlung von Freunden meiner Schwester – in einem erstklassigen Hotel, in »The Presidential Reserve«. Dies war nun mein Beitrag aus der Großen Welt.

Daß der Münchner Thomas-Mann-Katalog »Heller Zauber« Sie erfreut, begreife ich. Die Ausstellung war schauderhaft prätentiös und lief unter dem gängigen Modewort einer »Inszenierung«. Davon erzähle ich dann gern einmal.

Sehr herzliche Grüße
Ihres

Stuttgart, 22. 6. 89 an KS
[Postkarte]

Lieber Herr Schröter,

einen etwas verspäteten aber herzlichen Dank für Ihren und Dr. Lutz' netten Gruß. Gern würde ich mal wieder mehr von Ihnen und Ihrem Schaffen hören. – Von mir kann ich nur dankbar melden, daß es mir gut geht, sogar ein neues kleines Buch über Ibsen Anfang des nächsten Jahres erscheinen wird.

Herzlich grüßend
Ihre
Käte Hamburger

Hamburg, 14. 8. 89 an KH

Meine liebe Frau Hamburger,

ich freute mich herzlich, als ich am 11. 8. in meiner hamburger Zeitung las, daß Sie die hohe Auszeichnung des Schillerpreises des Landes Baden-Württemberg erhalten haben und ich gratuliere Ihnen kräftig zu dieser Ermunterung Ihrer fortgesetzten Arbeit! Ich darf annehmen, daß es Ihnen – wie Ihre letzte Karte auch meldete – gut geht; ich wünsche Ihrem Ergehen Bestand.

Sie fragten nach meinem Tun und Lassen: es ist in ein »Lassen« verwandelt worden. Rowohlt kündigte mir im Dezember (zugrunde liegt die Verleumdung einer Subalternen!). Die Sache geht nun in Berufung und in 2. Instanz nach Kiel. Bitte, denken Sie mit guten Wünschen an mich!

Meine besten Grüße in alter Treue, Ihr

Stuttgart, 20. 8. 89 an KS

Lieber Herr Schröter,

ich danke Ihnen herzlich für Ihren so netten Glückwunsch zum Schillerpreis, der am 10. November (Schillers Geburtstag) bei einem großen Festakt im Weißen Saal des Schlosses verliehen wird – das steht mir etwas bevor.

Aber es tut mir unendlich leid, daß Ihre Gratulation mit einer so wenig erfreulichen Mitteilung über die plötzlichen Schwierigkeiten, die Ihnen bei Rowohlt erwachsen sind, verbunden war. Ja, ich denke mit guten Wünschen an Sie u. hoffe, daß es in Ordnung kommt und Sie weiter Herausgeber der Monographien bleiben. Lassen Sie mich gelegentlich wissen wie es steht.

Mit allen guten Wünschen
Ihre
Käte Hamburger

Hamburg, 28. 12. 89 an KH

Meine liebe und hochverehrte Frau Hamburger,

inzwischen war Freund Saueressig so freundlich, mir das feierliche Programm zur Verleihung des Schiller-Gedächtnispreises zuzuschikken – so habe ich doch ein bißchen teilnehmen können. Wie lang war Ihre Ansprache wohl? und haben Sie sich nicht überanstrengt?

Mein Prozeß geht nicht gegen die Verleumderin; es ist vielmehr eine Kündigungsschutzklage, die ich in erster Instanz in Lübeck gewonnen habe. Der »zweitinstanzliche« (so heißt das) Termin zum 21. 12. wurde amtlich »ausgesetzt«. Ich vermute, der Richter will einen Ausgleich abermals anstreben.

Für 1990 und die letzte Dekade dieses Jahrhunderts herzlich alles Liebe und Gute von Ihrem

Stuttgart, 6. 1. 90 an KS
[Briefkarte]

Lieber Herr Schröter,

ich danke Ihnen herzlich, daß Sie bei Ihrer augenblicklichen etwas sorgenvollen Situation daran denken, mir freundliche Neujahrswünsche zu senden, die ich nun, vor allem für einen baldigen günstigen Ausgang Ihres Rowohlt-Prozesses, herzlich erwidere.

Ich kann mir vorstellen, was für eine Störung des Lebens ein solcher Prozeß ist.

Was mir Ehrenvolles wieder zugefallen, hat Ihnen Saueressig erzählt. Diese Preisverleihung war natürlich ein Höhepunkt meines Lebens, wie denn das Schicksal meines Alters mir schon eine ganze Reihe von Ehrungen geschenkt hat – im Grunde weiß ich garnicht warum, da ich schließlich nichts anderes getan habe als so viele Kollegen unseres Faches. Mein letztes im November erschienenes Buch über Ibsen scheint nicht die geringste Resonanz zu finden. Es ist wohl auch zu unzeitgemäß.

Ich hoffe, bald gute Nachricht über Ihre Angelegenheit zu bekommen und grüße Sie herzlich.

Ihre
Käte Hamburger

Hamburg, 3. 7. 90 an KH

Meine liebe Frau Hamburger,

über Ihr letztes, Ende vergangenen Jahres erschienenes Buch über »Ibsens Drama in seiner Zeit« las ich inzwischen eine eindringliche Rezension in der Süddeutschen Zeitung (18. 4. 90). Ihrer Sorge, es sei zu unzeitgemäß, wird darin geradezu widersprochen.

Ich beschäftige mich indessen viel mit Goethe und habe u. a. herausgefunden (mit Hilfe meines Psychiater-Freundes K. R. Eissler), warum Goethe seine Mutter nach 1775 so sehr selten gesehen hat . . .

Sehr herzliche Grüße mit meinen besten Wünschen,
Ihr

Hamburg, 2. 10. 90 an KH

Meine sehr verehrte, liebe Frau Hamburger,

aus heiterem Himmel möchte ich Ihnen meine letzte Arbeit für ein Internationales Heinrich Mann-Symposium in Lübeck zusenden (obwohl ich weiß, daß Sie diesen Bruder nicht so schätzen) – eigentlich, um Ihnen eine kurze Mitteilung über Ihr Befinden zu entlocken und darüber, was Sie beschäftigt!

Ich bleibe weiter bei meinen Goethe-Studien, zu denen ich gerade viel in Shakespeare nachlese und noch über das Weltbild von der »Kette des Seins« bisher *so* nicht Gesehenes zutage bringe.

Sehr herzliche Grüße Ihres

Kleines Nachwort

Käte Hamburger wurde im machtgesättigten Deutschen Kaiserreich am 21. September 1896 in Hamburg als Tochter eines wohlhabenden jüdischen Bankiers geboren. Sie besucht hier die »Realgymnasialen Kurse des Frauenvereins zur Förderung von Frauenbildung und Frauenstudium« im Besenbinderhof, die von dem Neuphilologen Gustav Wendt (1848–1933) begründet waren, vor den staatlichen Gymnasien den Weg zur höheren Bildung eröffneten und das Abitur erteilen konnten. Sie wird 1922 zum Dr. phil. aufgrund einer Arbeit über Schillers Menschenbild promoviert. Und während sie Assistentin am Philosophischen Seminar der Humboldt-Universität zu Berlin ist, schreibt sie ihr erstes Buch über »Thomas Mann und die Romantik«, das sie »Dem Andenken meines Vaters« widmet, 1932. Thomas Mann dankt sogleich für die Übersendung und fügt hinzu, »daß ich in Ihrer Schrift eine Probe starker kritischer Begabung zu erkennen glaube, die sich gewiß eines Tages an den würdigsten Gegenständen bewähren wird.« Schon zwei Jahre später muß er Käte Hamburger ins Schwedische Exil, an die Universität Göteborg, schreiben; er berichtet über den »Joseph«-Roman, in dem der junge Held bereits Eintritt in Potiphars Haus gefunden hat – und er schreibt aus der Schweizer Emigration. Nach Kaiserreich und halbherziger Republik war der nationalsozialistische Staat angetreten.

Käte Hamburger blieb publizistisch und wissenschaftlich fortlaufend tätig – ihr literaturwissenschaftliches Hauptwerk, »Die Logik der Dichtung«, entstand in Schweden wie auch mehrere Arbeiten zu Thomas Manns »Joseph«-Roman. Eine erste Abhandlung ging zu Thomas Manns 60. Geburtstag ab; eine Rezension zum vierten, abschließenden Band, vom Verleger Gottfried Berman-Fischer mit allerlei anderen »europäischen Meinungsäußerungen« nach Pacific Palisades, California, gesandt, »ragte durch eindringliche Klugheit hoch aus dem Wust hervor.« (Thomas Mann aus Chicago an Käte Hamburger, 31. 3. 44.) Ihr Buch endlich, »Thomas Manns Roman ›Joseph und seine Brüder‹. Eine Einführung«, Stockholm 1945, wurde von Thomas Mann als »ein Ereignis in meinem Leben« verbucht: »Ich darf und muß es so nennen, da es eine Exegese meines Werks von dieser liebevollen, wissenden und alles aufzeigenden Breite und Tiefe, eine Auslegung nicht nur des Joseph-Opus als solchem, denn Ihre Kritik führt ja weit über dieses hinaus und umfaßt und rekapituliert, noch nicht gegeben hat.« (31. 1. 46 an Käte Hamburger) Für sich selbst notierte er etwas kälter und boshafter zum Manuskript des »Joseph«-Buches: »ein etwas langweiliger Päan. Die literarhistorische Lust an einem modernen Objekt, das sich wie ›Faust‹ behandeln läßt.« (Tagebuch, 19. 12. 44) Und: »Gelesen in dem Buch der Hamburger. Sie spricht über den Joseph wie Rabbi's über die Thora.« (Tagebuch, 26. 1. 46)

In Thomas Manns Tagebüchern ist »die Hamburger« dennoch ein Haushaltswort. Alle ihre eingehenden Briefe werden registriert und die »ausgefertigten« Antworten an sie ebenfalls. »Sie hört regelmäßig meine deutschen Sendungen«, die Thomas Mann durch Schallplatten, die in Californien aufgenommen wurden, über BBC London an »Deutsche Hörer!« ausstrahlen ließ, vermerkt Thomas Mann im Tagebuch unter dem 22. Mai 1942. 1939, anläßlich des PEN-Kongresses, trafen sie sich in Schweden. Und Thomas Mann schrieb mehrmals Empfehlungsschreiben, für Käte Hamburgers Unterkommen zu sorgen, so an Selma Lagerlöff, oder später, um die Einwanderung in die USA zu befördern.

Dann aber kam es zu einem Einbruch in ihren Beziehungen, nicht zu einem Bruch, nur zu einem Einbruch. Thomas Mann hatte sein Alterswerk veröffentlicht »Doktor Faustus. Das Leben des deutschen Tonsetzers Adrian Leverkühn, erzählt von einem Freunde«, »zugleich das offenste und das verschlossenste der Bücher.« (Tagebuch, 4. 12. 47) Mit wahrer Gier verfolgte Thomas Mann die Aufnahme dieser »Lebensbeichte« in der Öffentlichkeit, in der er sich selbst und auch Freunde und Bekannte recht schonungslos bloßgestellt hatte, wie Hans Reisiger oder Annette Kolb, »von mondäner Häßlichkeit, mit elegantem Schafsgesicht ...« Der Ruhm des Werkes verbreitete sich weltweit. Nur Käte Hamburger, die klügste und sensibelste seiner Verehrerinnen, erlaubte sich Zweifel, ob denn in der »anachronistischen Symbolik« des Teufelspaktes eines modernen Musikers das Bild einer Epoche, wie von Thomas Mann gewollt, einzufangen sei. Sie erregte Thomas Manns »Zorn«. Indem er seine fortlaufenden Eigenkommentare an seine kluge Deuterin dann doch fortsetzte, flocht er sogar eine captatio benevolentiae in den Brief ein, den er Käte Hamburger in der Länge einer kleinen Abhandlung am 2. Februar 1948 aus Pacific Palisades schrieb: »Nicht umsonst hat dies Werk mir zugesetzt und an mir gezehrt wie kein anderes; nicht umsonst erkrankte ich mitten darin gefährlich, – und genas von der Operation wie ein junges Blut, um dies fertig zu machen. Früheres von mir hat allerlei Wirkung hervorgebracht, aber zum erstenmal sehe ich Tränen in den Augen meiner Leser.

Die Ihrigen sind trocken und blicken leer. Vielleicht sind Sie die einzig Nüchterne, Klarsehende und besonnen auf lange Sicht

Urteilende, es mag sein. Und doch hat sie etwas Bedauerliches und Unnatürliches, diese Ihre Verschlossenheit, um nicht zu sagen: Versperrtheit gegen ein Werk, das so viele aufwühlt bis zum Grunde, und von dem Sie sprechen wie von einem Dinge, das Spuren ehemaliger Vorzüge aufweist, aber ganz anders und am besten überhaupt nicht hätte gemacht werden sollen. Nicht die Spur eines Gefühls für die singuläre Stellung, die das Buch einnimmt innerhalb (oder zuoberst) meines Lebenswerkes und, sagen wir doch die Wahrheit, im zeitgenössischen ›Schrifttum‹; für seine Eigenschaft als Lebensbuch und Konfession, sein Zurücklassen des Literarischen, seine fast wilde Direktheit und wunde Wirklichkeit als bisher unzweifelhaft größtes und erlittenstes Symbol und Bild der Epoche, – nicht eine Spur von Zugänglichkeit für all das findet sich in Ihren intelligent gelangweilten Aussagen. Mehr als einmal versagt selbst die Intelligenz. Der Erzähler wird weggewünscht – als ob ohne dies Medium dieser Lebensbericht überhaupt erträglich gewesen wäre. Und wenn es dann heißt, in Anbetracht des Umstandes, daß es Leverkühns Werke garnicht gebe, sei ihre Beschreibung doch allzu ausführlich, – so gibt man einfach auf und sagt ›Sorry!‹«

Eine Philippika pro domo! Käte Hamburger wird sie als solche erkannt und eingestuft haben. Denn ihre kritischen Ansichten zum »Doktor Faustus« hat sie nicht geändert, sondern seit der Rezension des Romans (1947) vertieft und zur Studie in jener Festschrift für den Freund und Kollegen Fritz Martini erweitert (1969) und dann auch noch zum Wiederabdruck in einem wissenschaftlichen Sammelband im Zentenarjahr Thomas Manns freigegeben (1975).

Dabei hatte Käte Hamburger im »Doktor Faustus« nicht Modell gestanden zu einer der drei Dienenden Frauen, die das Leben des deutschen Tonsetzers, des autobiographischen alter ego von Thomas Mann im Roman, begleiten. Sie war nicht benutzt worden – erniedrigt oder geadelt –, wie das Ida Herz, Anna Jacobson und Agnes E. Meyer (in dieser Reihenfolge traten sie in Thomas Manns Leben) geschah. Sie sind im Roman als Meta Nackedey, Kunigunde Rosenstiel und Frau von Tolna verewigt. Käte Hamburger hatte Ida Herz auf diese romanhafte Identität hingewiesen und erntete dafür von Thomas Mann in jener Philippika den besonderen Tadel: er habe »der guten Herz ... nach besten Kräften ausgeredet, daß sie sowohl die Rosenstiel wie Meta Nackedey sei, wie Sie ihr grausamer und sonderbar verklatschter Weise geschrieben hatten ... Es fehlte nur, daß die treue Seele dort in London glaubte, ich hätte sie verhöhnen wollen. Sie glaubt es auch nun nicht mehr und ist folglich auf die Einflüsterin schlechter zu sprechen, als auf mich, besonders da sie mein Gefühl teilt, daß es etwas Tristes und Verfremdendes hat, jemanden gerade von diesem Buch sagen zu hören: ›Es liegt mir, offen gestanden, weniger, als alle Ihre anderen‹.«

So wie Käte Hamburgers überragende Intellektualität und die vollkommene Selbständigkeit ihres Denkens und Schreibens eine einengende romanhafte Stilisierung verboten hatten, stellte sich auch wenige Monate nach diesem vorwurfsvollen Einbruch Zuneigung und Frieden zwischen beiden wieder her. Es war abermals eine Arbeit über den »Joseph«-Roman in dem Sonderheft der Hamburger Akademischen Rundschau zu Thomas Manns 73. Geburtstag, der das bewirkte. Er erschien Thomas Mann im ganzen Heft als »dessen bedeutendster, höchststehender Beitrag ... Mein Vergnügen ihn abends, bei nicht allzu ablenkender Musik im Nebenzimmer, zu lesen, war groß und setzte sich zusammen aus der Verwunderung, wie Sie Ihre Sache so gut gemacht, und wie ich die meine so gut gemacht haben soll. Possible, que j'ai eu tant d'esprit?« Und dann die Besiegelung der Versöhnung: »Es mag schon sein, daß ich mit dem ›humoristischen Menschheitslied‹ wirklich am höchsten gekommen bin.«

(15. 6. 48) Seither schickt Thomas Mann wieder laufend seine Werke und seine Selbstkommentare an Käte Hamburger. Das waren »Der Erwählte«, »Felix Krull« und der große Schiller-Aufsatz, »Zum 150. Todestag des Dichters – seinem Andenken in Liebe gewidmet.« Welche Erfüllung, da Käte Hamburger ihre akademische Laufbahn mit einer Schiller-Studie eröffnet hatte. Thomas Mann sprach zu ihr wieder als »einer Kennerin wie Sie«; so hatte er sie vor dem Einbruch in einem Brief aus Pacific Palisades vom 15. Dezember 1943 apostrophiert.

Auch das Ende des Exils kündigt sich an. Ein Jahr vor seiner Rückkehr nach Europa, mitten im Kalten Krieg, aus der McCarthy-Ära und der auch ihm feindlichen Tätigkeit des »Committee on Unamerican Activities« schreibt Thomas Mann aus Californien: »Die vergiftete, krankhaft gespannte, mit Unheil geladene Atmosphäre hier drückt schwer auf mich, und meine produktive Laune, ohne die doch kein rechtes Leben, liegt darnieder ... Was soll werden? Die Lage scheint ausweglos, und unaufhaltsam gehen wir in Nacht, Katastrophe und Barbarei hinein.« (28. 4. 51) Unter dieser Last nimmt er den »Krull« wieder auf.

Aber auch anderes Versöhnliche teilt er mit. Er avisiert den vorletzten Roman »Der Erwählte« als kleines Buch: »Ich könnte mir denken, daß es Ihnen gefiele. Es macht zwar viele Späße und parodiert viel Tradition, aber im Grunde hat es seinen Ernst – nämlich mit der Idee der Gnade, in deren Zeichen schon längst mein Denken und Leben steht. Ist es denn nicht auch pure Gnade, daß ich nach dem verzehrenden ›Faustus‹ noch dies in Gott vergnügte Büchlein hinbringen konnte?« (22. 4. 51) Ein bewegendes Bekenntnis und vielleicht für Käte Hamburger der Quellpunkt ihrer mehrmals geäußerten Dankbarkeit – bei sonst abwesender Religiosität – für die Gnade ihres hohen Alters.

Der letzte Brief Thomas Manns erging zehn Tage vor seinem Tod aus dem Kantonspital in Zürich. Käte Hamburger hatte um die Erlaubnis gebeten, ihm ihre »Logik der Dichtung« widmen zu dürfen. Er gab sie »mit herzlichen Worten« – »neugierig, wie er noch schrieb, auf die Begründung, die ich der Widmung geben würde.« Als das Werk im Juni 1957 erschien, trug es das Widmungswort »Thomas Mann dargebracht«, und im Vorwort erfolgte seine Begründung: daß es das große epische Werk »Joseph und seine Brüder« gewesen sei, das Käte Hamburger insbesondere zum Studium und zur Darlegung der logischen Struktur des Systems der Dichtung führte: »Dies ist über die allgemeine Verehrung hinaus, die ich Thomas Mann als einer der größten Gestalten unserer Epoche darbringe, der besondere, sozusagen sachliche Grund, aus dem ich mein Buch seinem Namen und Andenken widme. Als ich vor zwei Jahren das Manuskript annähernd abgeschlossen hatte, hoffte ich, es ihm als einem noch in der Fülle seines Schöpfertums Wirkenden öffentlich zueignen zu dürfen ... Nun geht in diese Zueignung die Trauer um den großen Epiker ein.«

Sie habilitierte sich 1956 bei Martini in Stuttgart auf dem Gebiet der »Allgemeinen und vergleichenden Literaturwissenschaft« und unterbrach ihre zwanzigjährige Lehrtätigkeit dort nur, wenn sie als Gastprofessor an nordamerikanische Universitäten gerufen wurde.

Alles bisher Berichtete lag »vor meiner Zeit«. 1964 besuchte sie das Arbeitszimmer der Goethe-Bibliographie im Hamburger Philosophenturm, und ich wurde ihr vorgestellt. Ich war auf das lebhafteste beeindruckt. Während meiner Studien der Germanistik, Anglistik und allgemeinen Literaturwissenschaft hatte ich mich von den vorherrschenden sog. werkimmanenten akademischen Methoden frei zu machen gesucht und war auf Käte Hamburgers Arbeiten gestoßen, deren logischer Zusammenhang einerseits und deren Aufrechterhaltung des Bezugs von Dichtung zur Wirklichkeit anderseits mich anzogen. Es war mir höchst lieb, daß sie ihrem 35 Jahre jüngeren Verehrer freundlich entgegenkam.

Sie war von kleiner, auch gedrungener Statur. Ihre Äußerungen, ihre Sprache, ihr Urteil waren von druckreifer Distinktion, ja Schärfe. Sie hatte – wie Anna Freud und Nelly Sachs, die im Briefwechsel erwähnt sind – ein völlig freies gesellschaftliches Verhalten, wie manche andere Frauen ihrer Generation, Annette Kolb, Ricarda Huch, die Colette, Bertha von Suttner oder Virginia Woolf (an denen sich heutige Feministinnen messen lassen müßten; mit minderwertigem Befund). Sie war tapfer und unabhängig. Sie gerierte sich nie als Fachkraft, sondern war umfassend teilnehmend an Menschen und Umständen, und bei aller Stringenz ihres Denkens warmherzig. Es war leicht, mit ihr Kontakt zu bekommen. So war sie bei Kollegen und Studenten, Nachbarn und Freunden über die Maßen beliebt. (Manche nannten sie »Tante Käte« – das aber habe ich vor mir selbst und anderen nie tun mögen.) – Bei Gelegenheit eines fremdländischen Gastes, der der deutschen Sprache nicht mächtig, bot sie an, englisch, französisch, schwedisch oder italienisch zu sprechen; der Briefwechsel weist aus, daß die Neunzigjährige für Cervantes-Studien noch spanisch lesen lernte. Zu allem diesem war sie gastlich.

Unser Umgangston war von größtem Freimut beherrscht, unsere literarischen Urteile auch, da wir uns keiner Koterie verpflichtet fühlten. Ein gegen die Mode der Zeit gerichtetes absprechendes Wort über Walter Benjamin ist in den Briefen aufgezeichnet. Ich erinnere mich einer S-Bahnfahrt in Hamburg, während derer ich sagte: »Aber Adornos Denken ist doch hirnrissig!« Sie lachte hörbar und sagte: »Das ist es doch auch!« Daß wir von sehr unterschiedlichen Voraussetzungen zu diesem Schluß kamen, wurde mir erst durch Überlegungen in den Folgejahren klar. Fontane, den Thomas Mann so hoch schätzte (ich auch), mochte sie absolut nicht, rückte aber nie mit einer stichhaltigen

Begründung dazu heraus. Für ihr Denken in und an Strukturen war er ihr »zu geschwätzig«; ganz im Gegenteil Thomas Mann, der der lernbedürftigen Agnes E. Meyer den »artistischen Zauber« von Fontanes »reiner Plauderei« brieflich ausführlich erläutert (12. 5. 42) und irgendwo einmal von Fontanes »superbem Geklön« spricht. Goethe, glaube ich, verübelte sie gewisse Ausfälle gegen Juden und Judentum.

Wenn Käte Hamburgers literaturwissenschaftlich-literaturtheoretisches Hauptwerk, »Die Logik der Dichtung«, in Schweden entstanden war, so krönte sie ihre philosophisch-kulturkritische Arbeit mit dem Spätwerk »Das Mitleid« (1985), das in Stuttgart entstand und in dem ihre stets anwesende Kritik christlicher Ethik gipfelt. Das gab ihr ja den so herausgehobenen Rang, daß sie befähigt war, jede literarische Betrachtung philosophisch zu überhöhen, in einer Reinheit des kategorialen Denkens, die in der Branche doch zu den rarissima gehört.

Von der »lebensfeindlichen Moral des Christentums« sprach sie 1986 noch in einem Vortrag. Bei meinem letzten Besuch bei ihr, am 16. August 1987, als ich auf die zurückliegende Frage, was an Gehaltvollem sie denn noch beschäftigen könne, eine Kritik des katholischen Polytheismus in Verbindung mit der Frage, ob Thomas Manns Ausgangspunkt im »Joseph«-Roman: daß der Monotheismus menschheitsgeschichtlich überhaupt höher stehe als der Polytheismus, richtig sei, entgegnete sie nach aufmerksamem Zuhören: »ablehnend. Könne sie nicht. Interessiere sie wohl auch nicht. Religiös desinteressiert.« Vorausgegangen war jene Göttinger Dr. theol. h. c.-Geschichte aus dem Mai 1987, die uns so sehr lachen machte und in der Käte Hamburgers analytische Parteilichkeit für die Mitleidsverächter Spinoza, David Hume, Kant und Nietzsche gegen die Mitleidsschwärmer Rousseau und Schopenhauer so eklatant verdreht worden war.

Wie mein Tagebuch zu diesem Besuch ausweist, fand ich sie in ihrer Wohnung »Lebhaft. Gekrümmt. Sonst unbeeinträchtigt durch 91 Jahre«. Gespräch: »Über ihr Wohlbefinden. Die Gnade dessen. Die Wohnung unterhalb ihres Ranges – aber gute Nachbarn, Freunde, exzellente Lage. Die Balkons ihr ›ein und alles‹. – Nachts lese sie noch wie in der Jugend bis 1 h, bis ihr die Brille von der Nase fiele und das Buch woanders hin.«

Bei all ihrer Intellektualität blieb sie allem Weltlich-Vergnüglichen zugeneigt. So hing sie dem von ihr selbst so genannten »Heimatsymbol« – im Briefwechsel mehr als einmal berufen – immer an: Ein Essen mit Scholle und Kartoffelsalat an der Landungsbrücke in Hamburg-Blankenese.

Und noch ein Satz aus dem Brief der 91jährigen vom 1. September 1987:

»Ja, Thomas Mann ist ein großer Vermittler.«

† 8. April 1992

KLAUS SCHRÖTER

Anmerkungen

Mit freundlicher Erlaubnis von Frau Anke Martini-Wonde, der Verwalterin des Nachlasses von Käte Hamburger, wird der Briefwechsel nach dem bei Klaus Schröter befindlichen Bestand abgedruckt. Daher entfallen auf den Kopien seiner Briefe die Unterschriften.
Die drei im Titel des Bandes erscheinenden Namen werden durchweg mit ihren Initialen als Kürzel verwendet.

18. 4. 64 an KH
ein Thomas-Mann-Bändchen: TM in Selbstzeugnissen und Bilddokumenten dargestellt von KS. (rowohlts monographien, Bd. 93.) – Das erste 25. Tausend erschien im April 1964.
Herr Henning: Helmut Henning, seit 1947 wissenschaftlicher Mitarbeiter am Goethe-Wörterbuch an der Universität Hamburg, in den 50er und 60er Jahren Lektor für Deutsch in Dänemark und Finnland.

26. 4. 64 an KS
Bourget: Paul Bourget (1852–1935), dessen kulturpsychologische, politisch und moralisch konservative Essayistik von Nietzsche und den Wiener Symbolisten hoch geschätzt und ausgewertet wurde.
Ihr Artikel: Thomas Mann und Paul Bourgets »Dilettant«. Erste Schriften in München, 1893–1896: »Gefallen« und »Bajazzo«. In: Christ und Welt, 10. April 1964, S. 23. – Bourgets »Dilettant« wurde als Typ die zentrale Figur

in TMs Schaffen seit jenen frühen Novellen. »Bisher nicht beachtete kritische Arbeiten TMs aus dem gleichen Jahr der Niederschrift des ›Bajazzo‹, 1895/96 [für die von Heinrich Mann geleitete Zeitschrift ›Das Zwanzigste Jahrhundert – Blätter für deutsche Art und Wohlfahrt‹] zeigen, daß er die Veröffentlichungen Bourgets mit solchem Interesse verfolgte, daß ihm dessen letzter Roman ›Cosmopolis‹, Paris 1892 (deutsche Übersetzung 1894), schon bald nach seinem Erscheinen bekannt war ... In ihm trat eine Figur hervor: Dorsenne, ein Literat, Prototyp des gewissenlosen Dilettanten, des ›épicurien intellectuel‹, über dessen Amoralismus Bourget ähnliche Worte fand wie in seinen früheren ›Essais‹: ›Le bien et le mal, la douleur et la joie, tout est matière pour vous à ce jeu de votre esprit.‹ Der Satz ist ein Quellpunkt zu TMs Thema vom Problem des Künstlers und seiner Distanz zur Welt.« KS, TM. Reinbek bei Hamburg 1964. (rowohlts monographien, Bd. 93), S. 37 f. – Vgl. auch spätere Résumées in KS, Heinrich und TM. Hamburg 1993. (EVA Duographien, Bd. 1.), S. 12 ff, S. 79.
Fräulein Herz: Ida Herz (1894–1984), Buchhändlerin, TM seit 1925 persönlich bekannt, hilfreich bei der Rettung von Arbeitsmaterialien aus dem beschlagnahmten Münchener Haus TMs 1933. Starb im Londoner Exil.
»Zwanzigsten Jahrhundert«: Das Zwanzigste Jahrhundert. Blätter für deutsche Art und Wohlfahrt. Begründet von Friedrich Lienhard, in den Jahren 1895/96 hg. von Heinrich Mann. In dieser Zeit lieferte TM der deutschnationalen, antiparlamentarischen Zeitschrift einige Beiträge, deren Titel erstmals als »Neufunde« in der Monographie von KS bibliographisch erfaßt und ausgewertet wurden.
Hans Mayer: Geb. 1907, Hg. der zu TMs Lebzeiten bestgegliederten Ausgabe seiner »Gesammelten Werke« in 12 Bdn., erschienen im Aufbau Verlag Berlin/DDR 1955 ff. Autor von: TM. Werk und Entwicklung. Berlin 1950 u. v. a. Lebt nach seiner Lehrtätigkeit in Leipzig und Hannover in Tübingen.
Scherrer: Paul Scherrer, Bruchstücke der Buddenbrooks-Urhandschrift und Zeugnisse zu ihrer Entstehung. Neue Rundschau, 1958, S. 258–292.
Heller: Erich Heller, The Ironic German. A Study of Thomas Mann. London 1958, deutsch 1959. Von KH u. d. T. »Polarität von Leben und Geist« in der Stuttgarter Zeitung vom 30. 7. 1960 besprochen.
Koopmann: Helmut Koopmann, Die Entwicklung des »intellektualen Romans«

bei TM. Untersuchungen zur Struktur von »Buddenbrooks«, »Königlicher Hoheit« und »Der Zauberberg«. Bonn 1962.
Kahler: Erich von Kahler (1885–1970), Historiker und Philosoph. Autor von: Die Verantwortung des Geistes. In: Die Neue Rundschau, Sonderausgabe zu TMs 70. Geb. (1945), S. 47–58; Säkularisierung des Teufels. TMs Faust. In: ebd. (1948), S. 185–202; Die Erwählten. In: ebd. (1955), S. 298–311. Briefwechsel mit TM 1931–1955,
Lämmert: Eberhard Lämmert, Bauformen des Erzählens. Stuttgart 1955.
Herr Riege: Helmut Riege, bibliographischer Mitarbeiter der TM-Monographie (und Bearbeiter zahlreicher weiterer Bibliographien in der Reihe rowohlts monographien).
mein »Gesetz«-Büchlein: Das Ullstein-Buch Nr. 5017 (Hg. von Hans Schwab-Felisch und Wolf Jobst-Siedler, Frankfurt/M. und Berlin 1964) trug auf dem Umschlag den Titel: TM, Das Gesetz. Dichtung und Wirklichkeit. Mit einem Essay von KH. Das Titelblatt lautete hingegen bibliographisch korrekt: KH, TM: Das Gesetz. Vollständiger Text der Erzählung. Dokumentation.

4. 5. 64 an KH
Goethe ... sein dictum über Mose: KH spricht von der »etwas gezwungenen Rehabilitierung«, die Goethe Mose an einer einzigen Stelle in seinem Aufsatz »Israel in der Wüste« (in den »Noten und Abhandlungen zu besserem Verständnis des Westöstlichen Divans«) angedeihen läßt und die ihr »nicht sehr überzeugend« vorkomme, »zumal sich die diesem Satze vorhergehende einzige Stelle, wo Mose immerhin eine gewisse Größe zugesprochen wird, so ausnimmt: ›Und so gestehen wir gern, daß uns die Persönlichkeit Mosis, von dem ersten Meuchelmord an durch alle Grausamkeiten durch bis zum Verschwinden, ein höchst bedeutendes und würdiges Bild gibt von einem Mann, der durch seine Natur zum Größten getrieben ist.‹« (KH, TM: Das Gesetz, S. 100)
»Ihren« »Joseph«: TMs Roman »Joseph und seine Brüder«. Eine Einführung von KH. Stockholm 1945. Mit einem Vorwort: Zum siebzigsten Geburtstag [TMs]. – Neuaufl. u. d. T.: Der Humor bei TM. Zum Joseph-Roman. München 1965.
Kerényis Deutungen: Zu dessen religionsmythologischen Deutungen vgl. u. a.: TM – Karl Kerényi. Gespräch in Briefen. Hg. von Karl Kerényi. Zürich 1960.

Briefe Heinrich Manns: Heinrich Mann, Briefe an Karl Lemke und Klaus Pinkus. Hamburg 1964.
Vortrag über »Der Chauvinismus und seine Tradition«: Vortrag in Biberach am 22. 10. 1964. Abdruck in: KS, Literatur und Zeitgeschichte. Fünf Aufsätze zur deutschen Literatur im 20. Jahrhundert. Mainz 1970. (Hg. von der Akademie der Wissenschaften und der Literatur, Klasse der Literatur/Mainz, Bd. 26).

28. 5. 64 an KS
Frau Jacobson: Anna Jacobson (1888–1972), Germanistin, am Hunter College, New York City, seit 1924. Briefwechsel mit TM seit 1925.
Dr. Wysling: Hans Wysling, Germanist, Konservator, 1961–1993 Leiter des Zürcher TM-Archivs.
zweite Auflage: Das 26.–35. Tausend der im April 1964 herausgekommenen TM-Monographie erschien im Dezember 1964.

7. 6. 64 an KH
kleine Festschrift: Grüße, Hans Wolffheim zum sechzigsten Geburtstag. Hg. von KS. Frankfurt/M. 1965.
Katja Mann: Die vehemente Ablehnung der »Bourget-These« fand u. a. Ausdruck in der amerikanischen Ausgabe von: Katja Mann, Unwritten Memories. Edited by Elisabeth Plessen and Michael Mann. New York 1975, S. 111 ff. In der dt. Ausgabe (Frankfurt/M. 1974) fehlen diese Auslassungen.

26. 9. 64 an KH
Stuttgarter Vortragsabend: »Der Chauvinismus und seine Tradition« (vgl. 4. 5. 64 an KH) am 20. 10. 1964 vor der Württembergischen Bibliotheksgesellschaft, Stuttgart.
Heinz Sauereßig: Leitete die Veröffentlichungen und Veranstaltungen der von der Firma Dr. Karl Thomae GmbH, chemisch-pharmazeutischen Fabrik in Biberach an der Riß, finanzierten Reihe »Wege und Gestalten«. Ein Überblick über die Tätigkeiten bietet der Band: Wege und Gestalten. Texte, Dokumente, Zeichnungen. Hg. von Heinz Sauereßig und KS. Biberach an der Riß 1968.
Vortrag in Biberach: KH sprach dort am 21. 10. 1965 über »Das Phänomen Heinrich Heine«.

12. 10. 64 [recte 12. 11.] an KS

Staatsanzeiger: Staatsanzeiger für Baden-Württemberg 13 (1964), Nr. 88, S. 2–3.

meinem Vortrag: KH sprach am 9. November 1964 im Beethovensaal der Stadthalle in Hannover über »Rahel Varnhagen und Goethe«.

23. 11. 64 an KH

»Sophokles«-Buch: KH, Von Sophokles zu Sartre. Griechische Dramenfiguren antik und modern. Stuttgart 1963. – Mit Widmung: »KS nach einem guten Plauderstündchen in Hannover herzlich zugeeignet! KH 19. XI. 1964«.

Stöcklein: Paul Stöcklein, Professor für deutsche Sprache und Literatur sowie Kunstgeschichte an der Universität Frankfurt/Main.

Henkel: Arthur Henkel, Professor für deutsche und vergleichende Literaturgeschichte an der Universität Heidelberg.

»Logik der Dichtung«: KH, Die Logik der Dichtung. Stuttgart 1957. Mit der Widmung: »Thomas Mann dargebracht.« Dazu im Vorwort: ». . . offenbar nicht zufällig war es ein großes episches Werk, das auf Grund seiner besonderen Erzähltechnik mich allererst auf den Weg der Probleme führte, die ich in dem hier vorgelegten Buch darzustellen versucht habe. Es war Thomas Manns Roman ›Joseph und seine Brüder.‹ Dies ist über die allgemeine Verehrung hinaus, die ich Thomas Mann als einer der größten Gestalten unserer Epoche darbringe, der besondere, sozusagen sachliche Grund, aus dem ich mein Buch seinem Namen und Andenken widme. Als ich vor zwei Jahren das Manuskript annähernd abgeschlossen hatte, hoffte ich, es ihm als einem noch in der Fülle seines Schöpfertums Wirkenden öffentlich zueignen zu dürfen und erbat im Juli 1955 diese Erlaubnis von ihm. Er gab sie mir mit herzlichen Worten von seinem Krankenlager aus, zehn Tage vor seinem Tode, neugierig, wie er noch schrieb, auf die Begründung, die ich der Widmung geben würde.« (S. VII) – Die zweite, stark veränderte Auflage erschien Stuttgart 1968. An KS mit handschriftlicher Widmung: »KS in Freundschaft von KH. Stuttgart, Dezember 1973.«

3. 12. 64 an KS
Benn-Gedicht: Herangezogen in »Die Logik der Dichtung« in dem Kapitel »Die Beschaffenheit des lyrischen Ich« (S. 174 f.).

14. 9. 65 an KS
Herrn Burckardt: Gerhard Burkhardt, seinerzeit wissenschaftlicher Mitarbeiter am Literaturwissenschaftlichen Seminar der Universität Hamburg.
Kontroverse mit H. Heckmann: Herbert Heckmann (Naivität und ihre Folge. In: Die Welt der Literatur Nr. 13 [1965], S. 316) widersprach der »Bourget-These« in der Monographie von KS. Da KS wie KH dahinter den »Hauskreis« als Auftraggeber vermutete, replizierte er über Heckmann hinweg Erika Mann, Der Kilchberger Tempelwart. Ebda, Nr. 14, S. 350.
Ihr Heinrich Mann-Buch: KS, Anfänge Heinrich Manns. Zu den Grundlagen seines Gesamtwerks. Stuttgart 1965.
Neuausgabe der Josephschrift: Vgl. die Anm. zu 4. 5. 64 an KH und 21. 11. 65 an KS.

21. 11. 65 an KS
Neuauflage der Josephschrift: u. d. T. Der Humor bei TM. München 1965. Mit handschriftlicher Widmung: »KS mit Dank und Gruß herzlich zugeeignet von KH«.
Jürgen Hohmeyer: TMs Roman ›Joseph und seine Brüder‹. Studien zu einer gemischten Erzählsituation. Marburg 1965 (Marburger Beiträge zur Germanistik, Bd. 2).
Uwe Schönbeck: Erzählfunktion des Mythos bei TM. Philosophische Dissertation/Universität Kiel 1965 (Maschinenschrift).

18. 2. 66 an KS
Herr Hamkens: Henning Hamkens, später Geschäftsführer der Deutschen TM-Gesellschaft, Sitz Lübeck e. V.

22. 2. 66 an KH
Ihr Humor-Buch: Vgl. die Anm. zu »Ihrem Joseph« vom 4. 5. 64 an KH.

26. 2. 66 an KS
Dr. Hans Bürgin: Autor einer ersten umfassenden Bibliographie: Das Werk TMs. Frankfurt/M. 1959. – Und zus. mit Hans-Otto Mayer: TM. Eine Chronik seines Lebens. Frankfurt/M. 1965. – Bearbeiter der Brief-Regesten TMs 1977 ff.
Hamburg 63: KH hatte ihre Jugend in Hamburg Am Grindel, Klosterallee, erlebt. So mußte ihr KS' neue Adresse in Hamburg-Hummelsbüttel »sehr weit von der Stadt« entfernt erscheinen.

19.3. 66 an KH
Buches über Tolstoj: KH, Tolstoi. Gestalt und Problem. Bern 1950. Göttingen [2]1963 (Kleine Vandenhoek-Reihe, Bd. 159–161). Mit der gedruckten Widmung: »Dem Andenken des Philosophen Paul Hofmann (1880–1947)« – KHs Chef am Philosophischen Seminar der Universität Berlin bis 1932. – Mit handschriftlicher Widmung: »KS zum schönsten Dank für die freundliche Betreuung und gute Gesellschaft in Hamburg – von der Verfasserin. Stuttgart, März 1966«.
Euphorion-Aufsatzes: KH, Noch einmal: Vom Erzählen. Versuch einer Antwort und Erklärung. In: Euphorion 59 (1965), S. 46–71. – Die Antwort ist vornehmlich gerichtet an Harald Weinrich und sein Buch: Tempus. Stuttgart 1964.
Thomas Manns Formulierungskunst: In einem Brief an KH vom 22. 4. 1951 hatte TM für den Aufsatz der Autorin »Zum Strukturproblem der epischen und dramatischen Dichtung« (In: Deutsche Vierteljahresschrift 25 (1951), S. 1–26) gedankt: »Besonders gut finde ich die Ablehnung der Theorie, daß das Drama im Präsens gedichtet sei und die Erzählung in der Vergangenheit ... Nichts Dichterisches hat einen Zeitfall im Sinne der Grammatik, sondern, wie Sie sagen, es ›existiert in der Seinsweise der Idee‹.«
Professor Singer: Herbert Singer, Literarhistoriker an der Universität Hamburg.
Professor Nicolai: Heinz Nicolai, Literarhistoriker an der Universität Hamburg, Doktorvater von KS.

27. 3. 66 an KS
Zeitschrift f. phil. Forschung: Vgl. Anm. zu 6. 7. 67 an KH und 5. 12. 67 an KS.
umgearbeitete Auflage meiner »Logik«: Vgl. Anm. zu 23. 11. 64 an KH.

23. 6. 66 an KH

Heinrich Mann-Monographie: Vgl. Anm. zu 30. 1. 67 an KS.

Heinrich Mann-Archiv nach Berlin: Teil der Abteilung Literaturarchive der Deutschen Akademie der Künste zu Berlin-DDR. Das Archiv verwahrte Heinrich Manns literarischen Nachlaß.

Dr. Steinbömer: Gustav Hillard [pseud.] Steinbömer (1881–1972), wenige Jahre nach TM Schüler am Lübecker Katharineum, dann Mitschüler und Freund des deutschen Kronprinzen Wilhelm von Preußen an der »Prinzenschule« in Plön-Holstein; später Generalstabsoffizier und Dramaturg unter Max Reinhardt am Deutschen Theater, Berlin; lebte seit 1924 als freier Schriftsteller in Lübeck. Seine Autobiographie »Herren und Narren der Welt« (1954) gehörte zur letzten Lektüre TMs. Zu Leben und Wirkung Gustav Hillard Steinbömers vgl.: Eduard Rosenbaum, Versuche einer Standortbestimmung. G. H.-St. zum 85. Geburtstag. In: Lübeckische Blätter (Jg. 126, Nr. 5, 5. 3. 1966, S. 65–79). – KS war mit Steinbömer seit 1963 befreundet.

11. 7. 66 an KS

»Lobgold«: Anspielung auf die Beschenkung hoher Würdenträger mit »Ehrengold« durch den Pharao. Die Szene, wie Echnaton und Nofretete dem höchsten Beamten Eje Goldgefäße und Halskragen aus dem »Erscheinungsfenster« zureichen, ist auf einem Relief im Grab des Eje in Tell el-Amarna dargestellt und von TM in »Joseph, der Ernährer« dem Kapitel »Die Vergoldung« (im vierten Hauptstück: »Die Zeit der Erlaubnisse«) zugrundegelegt worden. – Vgl. dazu: Hermann A. Schlögl, Amenophis IV. Echnaton. Hg. von KS. Reinbek bei Hamburg 1986. (rowohlts monographien, Bd. 350), S. 54. Und neuerdings: Alfred Grimm, Joseph und Echnaton. TM und Ägypten. Mainz 1992, S. 125 und 465 f.

Berendsohn: Walter A. Berendsohn (1884–1984), Nestor der deutschen literarischen Exilforschung. Lehrte an den Universitäten Hamburg und, seit 1933, Stockholm. – KH bezieht sich auf sein Buch: TM. Künstler und Kämpfer in bewegter Zeit. Lübeck 1965.

Gregor-Dellin: Martin Gregor-Dellin (1926–1988); Lektor, Kritiker und Rundfunkredakteur. Seit 1963 Hg. der Werkausgabe Klaus Manns; 1975 Hg. der zweibändigen »Briefe und Antworten« Klaus Manns.

Prof. Schrimpf: Hans Joachim Schrimpf, Literarhistoriker. Arbeiten zu Goethe und Hg. u. a. der Schriften von Karl Philipp Moritz; seinerzeit an der Universität Bochum.
Strohschneider: Ingrid Strohschneider-Kohrs, Literarhistorikerin, Arbeiten u. a. zur »romantischen Ironie« und zu Lessing; seinerzeit an der Universität Frankfurt/Main.
Weinrich: Vgl. 19. 3. 66 an KS, Anm. zu Euphorion-Aufsatz.
»Linguistik der Lüge«: Harald Weinrich, Linguistik der Lüge. (Kann Sprache die Gedanken verbergen? Antwort auf die Preisfrage der Deutschen Akademie für Sprache und Dichtung vom Jahre 1964). Heidelberg 1966.
Dr. Mayer: Hans-Otto Mayer, Buchhändler in Düsseldorf, besaß die größte TM-Sammlung in privater Hand. – Vgl. Heinz Saueressig, Beschreibung einer Sammlung. Düsseldorf 1965 (Privatdruck).

3.8. 66 an KH
eines der Colleges: Die Einladung erfolgte vom Hauptcampus der New Yorker Staatsuniversität State University of New York at Stony Brook, Long Island.

24. 10. 66 an KS
Glückwunschbrief: Zu KHs 70. Geburtstag, nicht erhalten.
meines Buches: KH, Philosophie der Dichter. Novalis Schiller Rilke. Stuttgart u. a. 1966. Nach S. 280 als Anhang: Ein Foto der Jubilarin und die internationale »tabula gratulatoria«.

30. 1. 67 an KS
Rowohlt-Heinrich Mann: Heinrich Mann in Selbstzeugnissen und Bilddokumenten dargestellt von KS. (rowohlts monographien, Bd. 125.) Das erste 20. Tausend erschien im Januar 1967.
Müller-Vollmer: Kurt Müller-Vollmer, Literarhistoriker
Prof. Russell: John R. Russell arbeitete über deutsche Literatur des 18. Jahrhunderts und linguistische Didaxe.
Heidi Heimann: Kunsthistorikerin am Warburg Institut, London. In Biberach sprach sie am 26. 1. 1967 über Rilke.

20. 3. 67 an KH

»Heinrich Mann und die Deutschen«: Vortrag am 25. 1. 1967 im Goethe House, The American-German Cultural Center and Library, New York, N.Y.

universitätseigenen Kunstgalerien: 1832 als erste Kunstsammlung einer Universität in den USA eröffnet, 1928 und 1953 erweitert; enthält Gemälde, Graphiken, Skulpturen aller Epochen sowie – aus Universitätsausgrabungen – archäologische Funde der griechischen und römischen Antike.

spezielle »Rare Book ... Library«: Die 1963 eröffnete Beinecke Rare Book and Manuscript Library birgt die umfangreichste außereuropäische TM-Sammlung. – Als TM 1950 »der erstaunlichen Geburtstagsausstellung, die die Yale-Library von Dokumenten meines Lebens und Werkes veranstaltet hat, einen Besuch abstattete« (TM an Agnes E. Meyer, 30. 8. 1950), befand sich die Sammlung noch in der Sterling Library.

japanische Ausgabe: Erschien 1981 in Tokyo. – Eine amerikanische Ausgabe der TM-Monographie scheiterte am Einspruch Katja Manns bei TMs New Yorker Verleger Alfred A. Knopf.

25. 6. 67 an KS

Heinrich Mann-Monographie: Vgl. Anm. zu 30. 1. 67 an KS.

Herr Strothmann: Leiter der Deutschen Abteilung an der Universität in Stanford.

Bad Boll: Gemeint ist die Evangelische Akademie in Bad Boll.

Israelkrieg: Der sogenannte Sechs-Tage-Krieg zwischen Israel und den arabischen Staaten Ägypten, Jordanien und Syrien vom 5. bis 10. 6. 1967, währenddessen Israel die Sinai-Halbinsel besetzte. Eine von den Vereinten Nationen unter dem Druck der USA und UdSSR vereinbarte Waffenruhe legte den Konflikt vorübergehend bei.

6. 7. 67 an KH

»Philosophie der Dichter«: Vgl. Anm. zu 24. 10. 66 an KS.

Reclam-Abriß: Friedrich Schiller, Über die ästhetische Erziehung des Menschen. Mit einem Nachwort von KH. Stuttgart 1965. (Reclams Universal-Bibliothek, Nr. 8994/95.)

Abhandlung »Zur Theorie der Aussage«: In: Zeitschrift für philosophische Forschung 20 (1966), S. 23–56. – »Mit herzlichem Gruß KH«.
Euphorion-Arbeit: Vgl. Anm. zu 19. 3. 66 an KH.
»Doktor Faustus«-Rezension: KH, TMs Faustroman. In: Göteborgs Handels- och Sjöfarts-Tidning, 27. November 1947.
Sammelband kritischer Dokumente: Thomas Mann im Urteil seiner Zeit. Dokumente 1891–1955. Hg. mit einem Nachwort und Erläuterungen von KS. Hamburg 1969.

5. 12. 67 an KS
Neuauflage der »Logik«: Vgl. Anm. zu 23. 11. 64 an KH.
Hermand: Jost Hermand, Literarhistoriker an der University of Wisconsin, Madison/Wisconsin, USA.
Voss: Theodor Voss, seinerzeit an der Columbia University, New York City.
Müller-Vollmer: Vgl. Anm. zu 30. 1. 67 an KS.
Stanfordsache: Vgl. Anm. zu 25. 6. 67 an KS.
Faustus-Rezension: Vgl. 6. 7. 67 an KH und Anm. – Zum »Zorn Thomas Manns« über sie vgl. TMs Tagebucheintrag vom 10. 12. 1947 zum »stupiden und giftigen Artikel der Hamburger« und TMs Brief vom 2. 2. 1948 an KH, in dem er »Ihre intelligent gelangweilten Aussagen« zu seinem »Doktor Faustus«-Roman entschieden und ausführlich zurückweist.
Goethe-Bibliographie: An der Universität Hamburg begründet von Hans Pyritz. Fortgeführt von Heinz Nicolai und Gerhard Burkhardt unter redaktioneller Mitarbeit von KS und Helmut Riege. 2 Bde. Heidelberg 1965 und 1968.
beiden Sonderdrucke: Vgl. 6. 7. 67 an KH und Anm.

30. 8. 68 an KS
Kritik am Faustsymbol: Vgl. KH, Anachronistische Symbolik: Fragen an TMs Faustus-Roman. In: Gestaltungsgeschichte und Gesellschaftsgeschichte. Literatur-, kunst- und musikwissenschaftliche Studien. In Zusammenarbeit mit KH hg. von Helmut Kreuzer. Stuttgart 1969, S. 529–553.

7. 10. 68 an KH

über Thomas Mann: Vgl. letzte Anm. zu 6. 7. 67 an KH.

»documenta«: 4. documenta, Juni bis Oktober 1968, der seit 1955 in vierjährigem Abstand stattfindenden Ausstellung zeitgenössischer internationaler Kunst in Kassel.

»Wege und Gestalten«-Band: Vgl. die 2. Anm. zu 26. 9. 64 an KH.

10. 12. 68 an KS

Professor Sokel: Walter H. Sokel, Literarhistoriker. Stanford University, Stanford, California.

Prof. Strothmann: Vgl. Anm. zu 25. 6. 67 an KS.

Thomas Mann-Kritik: Vgl. letzte Anm. zu 6. 7. 67 an KH.

Kritik des »Doktor Faustus«: Vgl. Anm. zu 30. 8. 68 an KS.

Martinis: Fritz Martini, Literarhistoriker. Leiter der Germanistischen Abteilung an der Universität Stuttgart, deren Fakultätsmitglied KH seit 1956 war. – Hg. der »Festschrift für Käte Hamburger zum 75. Geburtstag am 21. September 1971« u. d. T. Probleme des Erzählens in der Weltliteratur. Stuttgart 1971.

20. 1. 69 an KS

Professor Sokel: Vgl. Anm. zu 10. 12. 68 an KS.

7. 2. 69 an KH

Joachim Stresemann: Bankier, Berater David Rockefellers, Chase Manhattan Bank. Sohn Gustav Stresemanns.

Gustav Str.: Gustav Stresemann (1878–1929), von August 1923 bis zum Auseinanderbrechen der großen Koalition im November 1923 Reichskanzler und Reichsaußenminister der Weimarer Republik in Amtseinheit; danach bis zu seinem Tode Reichsaußenminister.

Dokumentation zu Thomas Mann: Vgl. letzte Anm. zu 6. 7. 67 an KH. Ebda die Anfrage zur »schwedischen Rezension des ›Faustus‹«.

Studie zum »Faustus«: Vgl. 10. 12. 68 an KS und Anm.

2. 3. 69 an KS

Ludwig Kahn: Ludwig W. Kahn, Literarhistoriker am German Department der Columbia University.

Bauke: Joseph P. Bauke, Chairman des German Department der Columbia University.

16. 10. 69 an KS

gewichtiges Werk: Vgl. letzte Anm. zu 6. 7. 67 an KH.

Ida Herz: Vgl. Anm. zu 26. 4. 64 an KS.

5. 1. 70 an KS

Ludwig Kahn: Vgl. Anm. zu 2. 3. 69 an KS.

Heinrich Manns »Ein Zeitalter ...«: KS, Ein Zeitalter wird besichtigt. Zu Heinrich Manns Memoiren. In: Akzente (Hg. von Hans Bender) 16 (1969), S. 416–433. – KH am 16. 11. 1969 aus New York zugesandt. – Wiederabdruck des Aufsatzes in: KS, Heinrich Mann. »Untertan« – »Zeitalter« – Wirkung. Drei Aufsätze. Stuttgart 1971 (Texte Metzler, Bd. 17), S. 39–59.

Faust- und Teufelssymbol: Vgl. Anm. zu 10. 12. 68 an KS. – Die Antwort unterm 11. 1. 70 ist nicht erhalten.

Thomas Mann-Dokumentation: Vgl. letzte Anm. zu 6. 7. 67 an KH.

Jonas-Bibliographie: Klaus W. Jonas, Fifty Years of TM Studies. A Bibliography of Criticism. Minneapolis 1955. – Klaus W. Jonas and Ilsedore B. Jonas, TM Studies. Volume II. Philadelphia 1967. – Bd. II war KS im März 1968 vom Autor in Pittsburgh/Pennsylvania mit handschriftlicher Widmung geschenkt worden. Beide Bände wurden als »wichtigste Hilfsmittel« ausdrücklich in »TM im Urteil seiner Zeit« herangezogen (S. 8 f.).

Dr. Mayer: Vgl. Anm. zu 11. 7. 66 an KS.

Ida Herz: Vgl. Anm. zu 26. 4. 64 an KS.

31. 5. 70 an KS

Rilkes »Verlorenen Sohn«: KH, Die Geschichte des Verlorenen Sohnes bei Rilke. In: Fides et communicatio. Festschrift für Martin Doerner zum 70. Geburtstag. Hg. von Dietrich Rössler, Gottfried Voigt und Friedrich Wintzer. Göttingen 1970, S. 126–143. – Der »kleine Sonderdruck« enthielt die handschriftliche Widmung »KS freundschaftlich zugeeignet von KH, 31. 5. 70«.

Paul Valéry: Mon Faust. Ebauches. Paris 1941 (Etudes pour un Faust; unvollständig) und Paris 1945 (u. d. T. Mon Faust); deutsche Erstveröffentlichung u. d. T. Mein Faust. Fragmente. In: Die Quelle, Nr. 2, 1948, S. 117–190.
Prof. Sokel: Vgl. Anm. zu 10. 12. 68 an KS.
Prof. Kahn: Vgl. Anm. zu 2. 3. 69 an KS.

2. 9. 70 an KH
Müller-Vollmer: Vgl. Anm. zu 30. 1. 67 an KS.
mein letztes Produkt: KS, Literatur und Zeitgeschichte, darin die »erste Arbeit«: Vgl. die letzte Anm. zu 4. 5. 64 an KH.
»Deutschen Hauses«: Damals 548 West 113th Street. 1911 in Anwesenheit von Gerhart Hauptmann gegründet, wie alle deutschen diplomatischen und kulturellen Institutionen in den USA während des 1. Weltkrieges geschlossen; 1929 mit einer Botschaft Hugo von Hofmannsthals wiedereröffnet; mit Seminarräumen, Bibliothek, eigenem Veranstaltungsprogramm und eigenem Budget im Besitz der Columbia University. Tätigkeitsberichte in: Germanistic Society of America. Annual Report for 1970–1973.
zu Heinrich Manns »Untertan«: Etudes Germanique 26 (1971), S. 320–343. – Wiederabdruck in: KS, Heinrich Mann. »Untertan« – »Zeitalter« – Wirkung. Drei Aufsätze. Stuttgart 1971, (Texte Metzler, Bd. 17), S. 9–38.

25. 10. 70 an KS
Gabe: KS, Literatur und Zeitgeschichte, 1970. Vgl. die letzte Anm. zu 4. 5. 64 an KH.
Bronnen: Arnolt Bronnen, Protokollant einer Epoche. Ebda, S. 111–139.
»Atem«-Aufsatz: Der Atem. Anmerkungen zu Heinrich Manns letztem Roman. Erstdruck: Grüße, Hans Wolffheim zum sechzigsten Geburtstag. (Festschrift, hg. von KS.) Frankfurt/M. 1965, S. 133–144. – Wiederabdruck in: Literatur und Zeitgeschichte, S. 141–152.
vorhandenen Themas: Vgl. das 10. und letzte Kapitel in: KH, Von Sophokles zu Sartre, sowie Anm. zu 23. 11. 64 an KH.
Hans Mayer: Vgl. Anm. zu 26. 4. 64 an KS.
W. Jens: Walter Jens, Professor für allgemeine Rhetorik an der Universität Tübingen.

Demetz: Peter Demetz, Germanist an der Yale University, New Haven, Connecticut, USA.
Chauvinismus-Aufsatz: Vgl. die letzte Anm. zu 4. 5. 64 an KH.
Henri Quatre: Heinrich Mann, Die Jugend und die Vollendung des Königs Henri Quatre. Amsterdam 1935 und 1938.
Döblin-Aufsatz: Lob des Widerspruchs. Über Alfred Döblin. In: Literatur und Zeitgeschichte, S. 67–109.
Ludwig Kahn: Vgl. Anm. zu 2. 3. 69 an KS.
Müller-Vollmer: Vgl. Anm. zu 30. 1. 67 an KS.

17. 5. 71 an KH
Metzler-Bändchen: Vgl. die letzte Anm. zu 2. 9. 70 an KH. Der Band trägt die Widmung »Zum 100. Geburtstag des Schriftstellers«.
Heinrich Mann-Tagung: Aus Anlaß von Heinrich Manns 100. Geburtstag am 21. 3. 1971 eine vom Senat der Hansestadt Lübeck, dem Kultusministerium des Landes Schleswig-Holstein und der Schleswig-Holsteinischen Universitäts-Gesellschaft einberufenen Tagung. Vgl. dazu: Heinrich Mann 1871/1971. Bestandsaufnahme und Untersuchung. Ergebnisse der Heinrich-Mann-Tagung in Lübeck. Hg. von Klaus Matthias. München 1973. – Matthias hatte den Nestor der Heinrich-Mann-Forschung, Alfred Kantorowicz, seinerzeit in Hamburg lebend, nicht zur Tagung eingeladen, was eine Gruppe von Tagungsteilnehmern zu einem offenen Protest veranlaßte. Vgl. dazu: Der umstrittene Heinrich Mann. Eine Stellungnahme von Prof. Dr. Alfred Kantorowicz gegen Dr. Klaus Matthias. In: Lübecker Nachrichten, 5. 8. 1972, S. 15 sowie den Artikel von Ralph-Rainer Wuthenow, Mißbrauchtes Vertrauen. Heinrich Mann 1871/1971. Bestandsaufnahme und Untersuchung, in: FAZ, 29. 12. 1973.
Herrn Sokels: Vgl. Anm. zu 31. 5. 70 an KS.
Geschichtsromanen: Vgl. 20. 12. 71 an KH und Anm.

20. 6. 71 an KH
das kleine Buch: Vgl. letzte Anm. zu 2. 9. 70 an KH.

23. 6. 71 an KS

den »Untertan«: Vgl. letzte Anm. zu 2. 9. 70 an KH.

Bourget: Vgl. Anm. zu 26. 4. 64 an KS.

Germanisten: KS, Deutsche Germanisten als Gegner Heinrich Manns. Einige Aspekte seiner Wirkungsgeschichte. Zuerst in: Text und Kritik. Sonderband. Heinrich Mann. Hg. von Heinz Ludwig Arnold. Stuttgart, München, Hannover 1971, S. 141–149, [3]1979. – Wiederabdruck in: KS, Heinrich Mann. »Untertan« – »Zeitalter« – Wirkung. Drei Aufsätze. Stuttgart 1971 (Texte Metzler, Bd. 17), S. 60–76.

Wechssler: Eduard Wechssler, Geist und Esprit, 1927.

Rehm: Walther Rehm, auf dessen motivgeschichtliche Studie »Der Renaissancekult um 1900 und seine Überwindung« (in: Zeitschrift für deutsche Philologie 34 [1929], S. 296–328) die Analyse von KS sich bezog.

Strich: Fritz Strich, auf dessen antithetische Konstruktion »Dichtung und Zivilisation« (München 1928) der Aufsatz von KS Bezug nahm.

Oskar Seidlin: Literarhistoriker, seit 1946 Professor für deutsche Literatur an der University of Ohio, Columbus/Ohio, USA.

Jost Hermands: Vgl. die zweite Anm. zu 5. 12. 67 an KS.

20. 12. 71 an KH

Festschrift: Vgl. die Anm. zu Fritz Martini, 10. 12. 68 an KS.

Analyse des »Historischen Romans ...«: KS, Der Historische Roman. Zur Kritik seiner spätbürgerlichen Erscheinung. In: Exil und innere Emigration. Third Wisconsin Workshop. Hg. von Reinhold Grimm und Jost Hermand. Frankfurt/M. 1972, S. 111–151. Die Arbeit trug die Widmung: »KH in anhänglicher Verehrung zu ihrem fünfundsiebzigsten Geburtstag.«

»Dr. Faustus«-Analyse: Vgl. Anm. zu 30. 8. 68 an KS.

29. 12. 71 an KS

Festschrift: Vgl. Anm. zu Fritz Martini, 10. 12. 68 an KS.

Siegfried Melchinger: Seinerzeit Professor für Theorie des Theaters an der Staatlichen Hochschule für Musik und darstellenden Kunst in Stuttgart.

Schillers Philosophie: KH, Schiller und die Lyrik. In: Jahrbuch der Deutschen Schillergesellschaft 16 (1972), S. 299–329. – Ein Sonderdruck trägt die hand-

schriftliche Widmung: »Für KS zur Erinnerung an seinen leider zu kurzen Besuch herzlichst zugeeignet von d. V. Stuttgart, d. 24. 5. 73.«
Lohner: Edgar Lohner, 1962–1973 Professor für deutsche und vergleichende Literaturwissenschaft an der Stanford University.

15. 5. 72 an KH
Arbeit zum historischen Roman: Vgl. die Anm. zu 20. 12. 71 an KH.
Ihrer Festschrift: Vgl. die Anm. zu Martini, 10. 12. 68 an KS. – Martinis Aufsatz: Der Tod Neros – Suetonius, Anton Ulrich von Braunschweig, Sigmund von Birken oder: Historischer Bericht, Erzählerische Fiktion und Stil der frühen Aufklärung, a. a. O., S. 22–86.
K. R. Eissler: Geb. 1908, Begründer und Sekretär der Sigmund Freud Archives, der Library of Congress, Washington D. C.; Autor u. a. von Werken über Hamlet, Goethe (2 Bde. englisch Detroit 1963; deutsch Frankfurt/M. 1983/85), Sigmund Freud, Leonardo da Vinci, Viktor Tausk; Arbeiten über Kreativität, das Genie und beider mögliche Beziehungen zur Psychopathologie sowie über psychische Folgen der Isolation und über die Psychologie des Todes.
Herrn Kahn: Vgl. Anm. zu 2. 3. 69 an KS.

13. 6. 72 an KS
Übersetzung der »Logik«: Erschien 1973; vgl. 12. 12. 73 an KH.
Müller-Vollmer: Vgl. Anm. zu 30. 1. 67 an KS.

28. 6. 72 an KH
Arbeit zum historischen Roman: Vgl. Anm. zu 20. 12. 71 an KH.
Prof. Mayer: Vgl. Anm. zu 26. 4. 64 an KS.

19. 11. 72 an KS
Sonderdrucke von vier Aufsätzen: Drei Aufsätze sind KS von KH handschriftlich »herzlich« und »herzlichst zugeeignet«: Schiller und die Lyrik. In: Jahrbuch der Deutschen Schillergesellschaft 16 (1972), S. 299–329; Die Geschichtlichkeit der historischen Dramen Ibsens. In: Über Literatur und Geschichte. Festschrift für Gerhard Storz. Frankfurt/M. 1973, S. 275–297; My Uncle Toby.

In: Herkommen und Erneuerung. Essays für Oskar Seidlin. Tübingen 1976, S. 78–92. – Ein vierter Aufsatz ist nicht nachweisbar.

Freund Saueressig: Vgl. Anm. zu 26. 9. 64 an KH.

12. 2. 73 an KH

Historischen Roman: Vgl. Anm. zu 20. 12. 71 an KH.

Freund Burkhard: Es war nicht Gerhard Burkhardt (vgl. Anm. zu Goethe-Bibliographie, 5. 12. 67 an KS), sondern Helmut Henning, der KS KH vorstellte (vgl. Anm. zu 18. 4. 64 an KH).

»Epische Präteritum«: KH, Das epische Präteritum. In: Deutsche Vierteljahresschrift für Literaturwissenschaft und Geistesgeschichte 27 (1953), S. 331–357.

26. 2. 73 an KS

Exil-Bande: Vgl. Anm. zu 20. 12. 71 an KH.

Aufsatz von Bathrick: David R. Bathrick, Moderne Kunst und Klassenkampf. Die Expressionismus-Debatte in der Exilzeitschrift ›Das Wort‹. A. a. O., S. 89–109.

»Eideshelfer«: KS, ›Eideshelfer‹ TM 1914/18. In: KS, Literatur und Zeitgeschichte. Fünf Aufsätze zur deutschen Literatur im 20. Jahrhundert. Mainz 1970 (Die Mainzer Reihe, Bd. 26), S. 47–65.

Kahns: Vgl. Anm. zu 2. 3. 69 an KS.

»Lunch«-Aufsatz: KS, Lunch bei der Chase Manhattan Bank. Tagebuch in New York, Mai 1972. In: Akzente 19 (1972), S. 458–465.

Max Frisch: Tagebuch 1946–1949, zuerst erschienen Frankfurt/Main 1950 und Tagebuch 1966–1971, zuerst erschienen Frankfurt/Main 1972.

8. 5. 73 an KS

Sonderdruck über den Schriftsteller: KS, Der Dichter, der Schriftsteller. Eine deutsche Genealogie. In: Akzente 20 (1973), S. 168–188.

Wort Dichtung: KH, Das Wort ›Dichtung‹. In: Literatur und Dichtung. Hg. von Horst Rüdiger. Stuttgart 1973, S. 33–46.

23. 7. 73 an KH

Oskar Seidlin: Vgl. Anm. zu 23. 6. 71 an KS.

14. 10. 73 an KS

Claus Träger: Studien zur Realismustheorie und Methodologie der Literaturwissenschaft. Leipzig 1972.

»Das Wort Dichtung«: Vgl. Anm. zu 8. 5. 73 an KS.

Sonderdruck über Ibsen: Vgl. Anm. zu 19. 11. 72 an KS.

Freud-Arbeit: KS, Maximen und Reflexionen des jungen Freud. In: K.R. Eissler, S. Freud, S. Goeppert, KS, Aus Freuds Sprachwelt und andere Beiträge. Bern, Stuttgart, Wien 1974, S. 129–186. (Jahrbuch der Psychoanalyse, Beiheft 2.)

12. 12. 73 an KH

Neuausgabe der »Logik der Dichtung«: Die »Zweite, stark veränderte Auflage« erschien 1973.

Freud-Arbeit: Vgl. Anm. zu 14. 10. 73 an KS.

Anna Freud: 1895–1982, Tochter, sechstes Kind von Sigmund Freud; Begründerin der Psychoanalyse für Kinder; zusammen mit Ruth Eissler Herausgeberin von: The Psychoanalytic Study of the Child; Herausgeberin der Gesammelten Werke von S. Freud; Begründerin der Londoner Hampstead Child-Therapy Clinic.

K. L. Schneider: Karl Ludwig Schneider, Literarhistoriker an der Universität Hamburg.

Träger: Vgl. Anm. zu 14. 10. 73 an KS.

Lukács: Georg Lukács (1885–1971), Philosoph, Literarhistoriker; Die Eigenart des Ästhetischen (Ästhetik Teil 1) erschien 1963.

»Das Wort Dichtung«: Vgl. Anm. zu 8. 5. 73 an KS.

Sonderdruck über Ibsen: Vgl. Anm. zu 19. 11. 72 an KS.

Ludwig Kahn: Vgl. Anm. zu 2. 3. 69 an KS.

28. 12. 73 an KS

Freud-Arbeit: Vgl. Anm. zu 14. 10. 73 an KS.

Anna Freud: Vgl. Anm. zu 12. 12. 73 an KH. – Anna Freud war ein Jahr älter als KH.

die »Logik«: Vgl. Anm. zu 12. 12. 73 an KH. – Der Band trug die handschriftliche Widmung: »KS in Freundschaft von KH. Stuttgart, Dezember 1973.«

»Das Wort Dichtung«: Vgl. Anm. zu 8. 5. 73 an KS.

Ibsen-Aufsatz: Vgl. Anm. zu 19. 11. 72 an KS.

16. 2. 74 an KH

letzte, kleinere ... Arbeit: KS, Positionen und Differenzen. Brecht, Heinrich Mann, TM im Exil. In: Akzente 20 (1973), S. 520–535.

Golo Mann: Geschichtsschreibung als Literatur. In: Literatur und Dichtung. Hg. von Horst Rüdiger. Stuttgart 1973, S. 107–124.

22. 6. 74 an KS

Volker Klotz: Literatur- und Theaterwissenschaftler; seit 1971 Lehrstuhl an der Germanistischen Fakultät der Universität Stuttgart.

Buch über Freud: Vgl. Anm. zu 14. 10. 73 an KS.

9. 2. 75 an KS

Freudabhandlung: Vgl. Anm. zu 14. 10. 73 an KS.

15. 6. 75 an KS

Freund Saueressig: Vgl. Anm. zu 26. 9. 64 an KH.

1. 7. 75 an KH

Studie zum »Joseph«-Roman: KS, Resultate des Exils. Vom »Zauberberg« zu »Joseph, der Ernährer.« In: Akzente 22 (1975), S. 367–382. – Vollständigere Fassung: Vom Roman der Seele zum Staatsroman. Zu TMs »Joseph«-Tetralogie. In: Text und Kritik. Sonderband TM. Hg. von Heinz Ludwig Arnold. München 1976, S. 70–87.

Hans-Albert Walter: Autor einer ersten mehrbändigen und umfassend dokumentierten Geschichte »Deutsche Exilliteratur 1933–1950«, 1972 ff.

Paul Raabe: Bis 1957 Redakteur der Goethe-Bibliographie von Hans Pyritz, vgl. Anm. zu 5. 12. 67 an KS, der Raabes Nachfolger wurde. 1958–68 Direktor der Bibliothek des Deutschen Literaturarchivs Marbach a. N. Seit 1968 Direktor der Herzog August Bibliothek in Wolfenbüttel.

T. M. Symposium an der Rutgers University: The TM Centennial Symposium, April 1975, Rutgers University, New Brunswick/New Jersey. – KS trug eine englische Version der hiervor erwähnten Studie zum »Joseph«-Roman vor. Abdruck in: Perspectives and Personalities. Studies in Modern German Literature Honoring Claude Hill. Heidelberg 1978, S. 330–339. (Beiträge zur neueren Literaturgeschichte. Dritte Folge, Bd. 37). – Michael Mann (1919–1975), der jüngste Sohn TMs, hielt ein Referat und den sogenannten Festvortrag. Unter dem Gelächter des Auditoriums fiel er nach jedem Auftritt von dem Podest herab, auf dem das Rednerpult stand. Ilse Blumenthal-Weiß bemerkte schneidend: »Wer so dummes Zeug redet, der muß da ja herunterfallen.« Nach seinem zweiten Fall mußte Michael Mann mit Blaulicht abtransportiert werden.

28. 8. 75 an KS
Kreuzers: Helmut Kreuzer, hatte sich 1965 in Stuttgart habilitiert, seit 1972 Professor für Neuere Germanistik an der Gesamthochschule Siegen.
H. A. Walter: Vgl. Anm. zu 1. 7. 75 an KH.
Sonderdruck über den Josephsroman: Vgl. Anm. zu 1. 7. 75 an KH.

8. 6. 76 an KS
Brief vom Schiff: Vom 31. 5. 76 anbord M.S. »Vistafjord« en route New York – Kristiansand – Hamburg (nicht erhalten).
Döblinmonographie: Alfred Döblin in Selbstzeugnissen und Bilddokumenten dargestellt von KS. (rowohlts monographien, Bd. 266). Das erste 13. Tausend erschien im Mai 1978.
Gastprofessur in Amsterdam: Herman Meyer hatte KS als Gast ans Duits Seminarium der Universiteit van Amsterdam für das Jahr 1976/77 eingeladen.
Thomas Mann-Aufsatz in Akzente: Vgl. Anm. zu 1. 7. 75 an KH und den Brief vom 28. 8. 75 an KS.
Tristram Shandy: Vgl. Anm. zu 19. 11. 72 an KS zu »My Uncle Toby.«

8. 8. 77 an KS
Ihr Brief: Vom 23. 6. 77 aus der Leidsegracht, Amsterdam (nicht erhalten).
Herman Meyer: Direktor am Duits Seminarium der Universiteit van Amsterdam.
Thomas Mann-Literatur: KS, Literatur zu TM um 1975. In: Monatshefte für deutschen Unterricht, deutsche Sprache und Literatur 69 (1977), S. 66–75.
Lieselotte Voss: W. V. Blomster, Die Entstehung von TMs Roman »Doktor Faustus«, dargestellt anhand von unveröffentlichten Vorarbeiten. By Lieselotte Voss. Tübingen 1975. Ebda, S. 100 f.

Döblin-Monographie: Vgl. Anm. zu 8. 6. 76 an KS.
Tristram Shandy: Vgl. »My Uncle Toby«, Anm. zu 19. 11. 72 an KS.
Mrs. Dalloway: Roman von Virginia Woolf, London 1925.
Wahrheitsproblem: KH, Wahrheit und ästhetische Wahrheit. Stuttgart 1979. – Der Band enthielt die Widmung: »Für Fritz Martini.«
Rilkebuch: KH, Rilke. Eine Einführung. Stuttgart 1976.
Faust I und II-Aufführung: Inszenierung am Kleinen Haus der Württembergischen Staatstheater Stuttgart, Regie: Claus Peymann und Achim Freyer; Dramaturgie: Hermann Beil. Premiere am 27. 2. 1977. In den Hauptrollen spielten: Martin Lüttge (Faust); Branko Samarovski (Mephistopheles); Therese Affolter (Gretchen); Anneliese Römer (Marthe Schwerdtlein).
Gründgens: Gustaf Gründgens (1899–1963) spielte die Rolle des Goetheschen Mephisto seit 1932. Zuletzt hatte er als Generalintendant des Deutschen Schauspielhauses Hamburg 1957/58 »Faust« I und II inszeniert, darin den Mephisto gespielt und mit Gastspielen in Moskau, Leningrad (1959) und New York (1961) weltweiten Erfolg gehabt.

13. 8. 77 an KH
Rilkebuch: Vgl. Anm. hiervor.
Malte Laurids Brigge: Rainer Maria Rilke, Die Aufzeichnungen des Malte Laurids Brigge. Umfangreichstes erzählendes Werk Rilkes, zuerst erschienen Leipzig 1910.
Döblin-Monographie: Vgl. Anm. zu 8. 6. 76 an KS.

27. 7. 78 an KH
Nachmittag bei Ihnen: Am 21. 7. 78 zu Sherry, Tee und Sandwiches.
Walter Benjamin: 1892–1940; die Unterhaltung ging wohl u. a. über Benjamins mysteriösen Begriff der »Aura« in dem Aufsatz »Das Kunstwerk im Zeitalter seiner technischen Reproduzierbarkeit«.
Ihre Kleinen Schriften: KH, Kleine Schriften. Stuttgart 1976. (Stuttgarter Arbeiten zur Germanistik. Hg. von Ulrich Müller u. a., Nr. 25.)
»Wahrheits«studie: Vgl. Anm. zu 8. 8. 77 an KS.

5. 1. 81 an KS
offenbar für ein ganzes Jahr: KS nahm ein »sabbatical«, ein freies Jahr, der State University of New York at Stony Brook wahr.

14. 1. 81 an KS
Ihre Professur dort: seit 1972 eine »tenured full professorship«, also gewissermaßen gesichert.
Hildesheimers »Marbot«: Wolfgang Hildesheimer, Marbot. Roman, Frankfurt/Main 1981.
Mitleidsphänomen überhaupt: Daraus wurde: KH, Das Mitleid. Stuttgart 1985.

3. 7. 82 an KS
Böll-Monographie: Heinrich Böll in Selbstzeugnissen und Bilddokumenten dargestellt von KS. (rowohlts monographien, Bd. 310). Das erste 15. Tausend erschien im November 1982.
Mitarbeit in dieser Redaktion: Seit 1982 war KS mit Beate Kusenberg Mitherausgeber der Reihe rowohlts monographien; 1985–89 deren Herausgeber.
Heinz Saueressig: Vgl. Anm. zu 26. 9. 64 an KH.
Hildesheimers »Marbot«: Vgl. Anm. zu 14. 1. 81 an KS.

13. 12. 85 an KS
über Böll: Vgl. Anm. zu 3. 7. 82 an KS.
»Das Mitleid«: Vgl. letzte Anm. zu 14. 1. 81 an KS.

21. 9. 86 an KH
compleanno: KHs 90. Geburtstag.

14. 10. 86
Reinhold Jaretzky: Seine Lion Feuchtwanger-Monographie war bei Rowohlt im Juli 1984 erschienen.
Uwe Naumann: Seine Klaus Mann-Monographie war bei Rowohlt im September 1984 erschienen.
Saueressig: Vgl. Anm. zu 26. 9. 64 an KH.

17. 10. 86 an KS

Jud Süß und die Jüdin von Toledo: Zwei Romane von Lion Feuchtwanger, erschienen 1925 bzw. 1954/55.

Herr v. Donanyi: Klaus von Dohnanyi, damals Bürgermeister von Hamburg.

Hans Mayer: Vgl. Anm. zu 26. 4. 64 an KS.

Böll-Buch: Vgl. Anm. zu 3. 7. 82 an KS.

Mitleidsbuch: Vgl. letzte Anm. zu 14. 1. 81 an KS.

24. 10. 86 an KH

Korrektur eines Vortrags: KS, Zugang zu Heinrich Manns »Empfang bei der Welt«. In: Heinrich Mann – Sein Werk im Exil. Heinrich Mann-Jahrbuch 3 (1985), S. 223–244.

Hubert Fichte: 1935–1986, Schriftsteller und Ethnologe, lebte in Hamburg; KS seit 1970 persönlich bekannt.

22. 11. 86 an KS

H. Manns »Empfang bei der Welt«: Vgl. Anm. zu 24. 10. 86 an KH.

Feuchtwanger-Monographie: Vgl. Anm. zu 14. 10. 86 an KH.

13. 3. 87 an KS

»Zeit«-Artikel: Vgl. Anm. zu 10. 4. 87 an KH.

10. 4. 87 an KH

Artikel von Hans Mayer: In: Die Zeit, 29. 3. 1986.

Metzler: J. B. Metzlersche Verlagsbuchhandlung, Stuttgart, hatte zwei Bücher von KS verlegt (vgl. Anm. zu 14. 9. 65 und 5. 1. 70 an KS).

17. 7. 87 an KH

Metzler: Vgl. hiervor.

20. 8. 87 an KH

Halls: Joachim Hall, Landgerichtsrat, mit bedeutender TM-Sammlung.

Siegener Festschrift: KH. Aufsätze und Gedichte zu ihren Themen und Thesen. Zum 90. Geburtstag hg. von Helmut Kreuzer und Jürgen Kühnel. Siegen 1986. – Darin: KH, TMs Goethe, S. 11–24.

Goethe in Heinrich Manns Spätwerk: Vgl. erste Anm. zu 24. 10. 86 an KH.
Katja Mann: Meine ungeschriebenen Memoiren. Hg. von Elisabeth Plessen und Michael Mann. Frankfurt/M. 1974.
Japanische Ausgabe: Tokyo 1981. Vgl. Anm. zu 7. 6. 64 an KH.

1. 9. 87 an KS
Halls: Vgl. Anm. zu 20. 8. 87 an KH.
Bourget-Streit: Vgl. Anm. zu 7. 6. 64 an KH.
Entgegnung auf Heckmanns: Vgl. Anm. zu 14. 9. 65 an KS.
Mitscherlich-Monographie: Alexander Mitscherlich mit Selbstzeugnissen und Bilddokumenten dargestellt von Hans-Martin Lohmann. Reinbek bei Hamburg 1987 (rowohlts monographien, Bd. 365).

5. 12. 87 an KH
von Erika Mann edierten Briefen: Der zitierte Brief in: TM. Briefe 1948–1955 und Nachlese. Hg. von Erika Mann. Frankfurt/M. 1965, S. 351.
Gustav Hillard-Steinbömer: Vgl. Anm. zu 23. 6. 66 an KH.
30jähriges Jubiläum: Rowohlts Bildmonographien waren 1958 von Kurt Kusenberg (1904–1983) begründet worden.
Halls: Vgl. Anm. zu 20. 8. 87 an KH.

7. 12. 87 an KS
Bundespräsident: Richard von Weizsäcker, geb. 1920. – KH hatte 1966 das Bundesverdienstkreuz erhalten.
Göttinger Ehrendoktorgeschichte: Vgl. Anm. zu 27. 1. 88 an KS.

13. 12. 87 an KH
Bourget: Paul Bourget, Physiologie de l'Amour Moderne. Paris 1891. – Ders., La Duchesse Bleue. Paris 1898.
kleines Zeichen meiner Tätigkeit: Der Nachruf auf Heinrich Manns einziges Kind, die Tochter Leonie Mann (1916–1986), den KS »im Namen des Arbeitskreises Heinrich Mann und des Amtes für Kultur der Hansestadt Lübeck« abgefaßt hatte: Leonie Mann zu Gedenken. In: Heinrich Mann-Jahrbuch 4 (1986), S. 1 f., erschienen Lübeck 1987.

27. 1. 88 an KS
interessante Sendung: Am 25. 1. 88 hatte KS die Pressemappe »30 Jahre Rowohlts Monographien« mit »schönstem Dank« und »herzlichstem Gruß!« abgesandt.
Bundespräsident: Vgl. Anm. zu 7. 12. 87 an KS.
Göttinger Geschichte: Zum 16. 8. 87, seinem letzten Besuch bei KH, hat KS u. a. in seinem Tagebuch vermerkt: »Dann unterhält sie sich und mich mit der vermasselten Geschichte des diesjährigen Göttinger Dr. theol. h. c. Wirklich unglaublich! Die Begründung im Doktorbrief »lese ich Ihnen auf deutsch vor«. Sie habe ihr Werk nach den Jahren des Schreckens in Deutschland vollendet – »Quatsch, die Logik der Dichtung habe ich in Schweden geschrieben« – und durch ihr Buch über das Mitleid der Theologie Impulse vermittelt. »In der laudatio sagen sie dazu noch mehr Quatsch!«
Dazwischen die ganze Geschichte: Drei Wochen vor 250jährigem Göttinger Jubiläum gibt Niedersachsens Regierung Kürzung von Studentenunterstützung zu (Mai 1987 – es ging durch die Presse). Unruhen befürchtet, Polizei erwartete am Abend vor der Ehrendoktorverleihung – Käte Hamburger zusammen mit Richard von Weizsäcker ... – 40.000 Studenten des ganzen Landes. Angst. Um 21h des Vortags alles abgesagt!
Dann in auswärtigen Landhäusern Dinners nachgeholt. Die berufsverbietende und feige deutsche Obrigkeit.
Die laudatio des Dekans ging darauf ein, daß sie die biblischen Figuren gegen TM in ihrer überlieferten Tradition rette, daß sie das Mitleid als »Barmherzigkeit« religiös erhöhe. Alles entgegen ihrer Deutung!!! Ich sage: »Alles kirchlicher hochtheologischer Quatsch!« Sie wiederholt meine Worte wörtlich. Dann lachen wir und ich sage: »Sie gehen in die Kirchen-Archive nun als eine Heilige ein!« Das amüsiert sie sehr.
Ihr mehrfaches Bedauern, daß die Feier mit Weizsäcker nichts geworden sei ...«
Bundespräsidiums: wohl: Bundespräsidialamtes
auf den Balkon: KH wohnte im 10. Stock eines Hochhauses; ihre Balkons – vor jedem der zwei Zimmer – blickten nach Südosten über die gesamte Stuttgarter Innenstadt bis zum Fernsehturm auf dem Killesberg.
Gründung einer Thomas Mann-Gesellschaft: Im September 1955 nahm KH an einer Kuratoriumssitzung des Ostberliner TM-Archivs teil.

Martini: Vgl. Anm. zu 10. 12. 68 an KS.
»Thomas Manns biblisches Werk«: 1986 erschienen; enthält KHs Arbeiten zum »Joseph«-Roman (vgl. Anm. zu 4. 5. 64 an KH) und zur Moses-Novelle »Das Gesetz« (vgl. letzte Anm. zu 26. 4. 64 an KS).
»Heller Zauber«: Jürgen Kolbe, Mitarbeit: Karl Heinz Bittel, Heller Zauber. TM in München 1894–1933. Berlin 1987.

4. 3. 88 an KH
»Heller Zauber«: Vgl. hiervor.

22. 6. 89 an KS
Dr. Lutz: Bernd Lutz vom Metzler Verlag, Stuttgart.
Buch über Ibsen: KH, Ibsens Drama in seiner Zeit. Stuttgart 1989.

14. 8. 89 an KS
Herausgeber der Monographien: Vgl. Anm. zu 3. 7. 82 an KS.

28. 12. 89 an KH
Saueressig: Vgl. Anm. zu 26. 9. 64 an KH.
Schiller-Gedächtnispreises: Vgl. 14. 8. 89 an KH.

6. 1. 90 an KS
Saueressig: Vgl. Anm. zu 26. 9. 64 an KH.
Buch über Ibsen: Vgl. Anm. zu 22. 6. 89 an KS.

3. 7. 90 an KH
Rezension: Von Albert von Schirnding.
K. R. Eissler: Vgl. Anm. zu 15. 5. 72 an KH.

2. 11. 90 an KH
letzte Arbeit: KS, »Geist«/»Macht« – Heinrich Mann, der Contrat Social und die Französische Revolution. Heinrich Mann-Jahrbuch 7 (1989), S. 129–148.
Goethe-Studien: Vgl. KS, Goethe »Zum Shakespeares-Tag 1771«. Hamburg 1992 (EVA-REDEN, Bd. 2).

Käte Hamburger

Geboren 1896 in Hamburg.
1922 Promotion aufgrund einer Arbeit über Schillers Menschenbild.
1933 Emigration nach Frankreich, im Jahr darauf nach Schweden, wo sie bis 1956 bleibt.
1957 Habilitation und Lehrstuhl an der Germanistischen Fakultät der Universität Stuttgart, der sie bis zu ihrer Emeritierung verbunden blieb.

Buchveröffentlichungen u. a.:
Thomas Mann und die Romantik, 1932
Thomas Manns Roman »Joseph und seine Brüder«, 1945; Neuaufl. 1965 u. d. T.: *Der Humor bei Thomas Mann. Zum Joseph-Roman*
Die Logik der Dichtung, 1957 (1968: 2., stark veränderte Aufl.)
Von Sophokles zu Sartre, 1962
Tolstoi, 1963
Thomas Mann: Das Gesetz, 1964
Philosophie der Dichter. Novalis – Schiller – Rilke, 1965
Kleine Schriften, 1976
Rilke. Eine Einführung, 1976
Wahrheit und ästhetische Wahrheit, 1979
Das Mitleid, 1985

Käte Hamburger starb am 8. April 1992 in Stuttgart.

Klaus Schröter

Geboren 1931 in Königsberg.
Schriftsteller, Essayist und Kritiker.
Professor für deutsche und vergleichende Literaturwissenschaft an den Universitäten Hamburg, Columbia und Stony Brook/USA.
Absolvierte vor der akademischen Ausbildung eine Kaufmannsgehilfenprüfung.
Mitglied der Goethe-Gesellschaft, Weimar, der Germanistic Society of America, New York, des PEN und der Thomas-Mann-Gesellschaft, Lübeck.
Langjähriger Herausgeber von Rowohlts Monographien.

Buchveröffentlichungen u. a.:
Thomas Mann, 1964 (1993: 209. Tsd.; übersetzt ins Italienische, Schwedische, Niederländische, Japanische, Katalanische, Türkische und ins Iwrit)
Thomas Mann im Urteil seiner Zeit. Dokumente 1891 bis 1955, 1969
Anfänge Heinrich Manns. Zu den Grundlagen seines Gesamtwerks, 1965
Heinrich Mann, 1967 (1993: 76. Tsd.)
Heinrich Mann. »Untertan« – »Zeitalter« – Wirkung.
Drei Aufsätze, 1971
Goethe-Handlexikon (mit Helmut Riege), 1983
Goethe, Zum Shakespeare-Tag 1771. EVA-Reden Band 2, 1992

Klaus Schröter lebt in Hamburg.

REDEN

EINE REIHE
BEI EVA –
HERAUSGEGEBEN
VON
SABINE GROENEWOLD

Reden sind Handlungen unter Menschen, und zwar wesentlich wirksame Handlungen. Freilich sagen die Menschen oft, es seien *nur* Reden gewesen, und wollen insofern die Unschuld derselben dartun. *Solches* Reden ist lediglich Geschwätz, und Geschwätz hat den einzigen Vorteil, unschuldig zu sein. Aber Reden von Völkern zu Völkern oder an Völker und Fürsten sind integrierende Bestandteile der Geschichte.

Georg Friedrich Wilhelm Hegel

Erschienen sind u. a.

Thomas Mann
Deutschland und die Deutschen (1945)
mit einem Essay von Hans Mayer
Band 1
ISBN 3-434-50101-0

Arnold Schönberg
Rede auf Gustav Mahler (1912)
mit einem Essay von Werner Hofmann
Band 9
ISBN 3-434-50109-6

Charlie Chaplin
Schlußrede aus „Der große Diktator" (1940)
mit einem Essay von Jost Hermand
Band 11
ISBN 3-434-50110-X

Sigmund Freud
Einführung in die Psychoanalyse (1915)
mit einem Essay von Stéphane Moses
Band 13
ISBN 3-434-50113-4

Jeder Band in bibliophiler Ausstattung, Fadenheftung

eva Europäische Verlagsanstalt

Europäische Verlagsanstalt
Parkallee 2
20144 Hamburg